ECONOMICS & MANAGEMENT

教育部经济管理类主干课程教材

审计系列

Study Guide to Auditing

《审计（第4版·立体化数字教材版）》学习指导书

主　编　陈汉文
副主编　董　望　杨道广　刘思义

中国人民大学出版社
·北京·

前　言

《〈审计（第 4 版 · 立体化数字教材版）〉学习指导书》是与“十二五”普通高等教育本科国家级规划教材《审计（第 4 版 · 立体化数字教材版）》（陈汉文主编，董望、杨道广、刘思义副主编）相配套的学习指导与习题集。各章内容主要包括学习要求、内容框架和本章习题。其中本章习题根据各章节知识的特点分别设置单项选择题、多项选择题、判断题、简答题和业务题等题型。为便于考查主教材使用者审计学知识的掌握和运用情况，本书还提供了一套模拟考试题用以测试学习效果。最后，本书还提供了各章习题和模拟考试题的参考答案及解析以供使用者参考。本书将主教材各章的主要内容在相应各章的内容框架图中详细呈现并予以讲解，条理性、层次性强，有助于学生系统思维能力的训练；习题的设计紧扣知识点，突出理论联系实际和对学生实际操作能力的培养；习题的结构安排有助于学生课前的预习和课后的复习。

本书可作为高等学校审计学课程的配套用书，也可作为会计审计专业学习者的学习参考用书。

限于作者的水平，错误在所难免，尚祈广大读者和同仁不吝指正。

编者

目　录

第一章

审计概述

学习指导

一、学习要求

1. 理解审计产生的动因以及三种代表性的假说；
2. 了解国内外的审计发展过程，能够理解导致每次演变与发展的原因；
3. 掌握审计的定义，理解审计的分类，熟悉审计的主要业务；
4. 理解政府审计、内部审计与民间审计的区别与联系；
5. 了解大数据和人工智能时代审计及其技术的发展趋势。

二、内容框架

国外民间审计起源于16世纪的意大利，18世纪至20世纪初，审计在英国迅速发展，此阶段的审计方式以详细审计为主，到了20世纪初期，在美国诞生了资产负债表审计，随着企业利益相关者的需求逐渐增多，20世纪30年代至40年代资产负债表审计转变为财务报表审计。我国的民间审计产生于辛亥革命时期。中华人民共和国成立初期，注册会计师审计在经济恢复工作中发挥了积极的作用，但由于当时推行计划经济模式，在较长的一段时期内，民间审计悄然退出了经济舞台。改革开放以后，随着我国工作重点的转移以及商品经济的迅速发展，注册会计师制度得以恢复并得到全面发展，无论是制度建设还是准则制定方面国际趋同步伐均显著加快。

审计反映了社会的特定需要，是社会经济发展到一定阶段的产物。审计起源于财产的所有者与经营者之间的受托责任关系。基于受托责任关系形成了多种审计动因理论，主要有监督论、信息论、保险论。监督论认为委托人能够通过审计监督受托人的行为，抑制其机会主义倾向，以确定受托人的行为与委托人的利益保持一致。信息论认为审计产生的主要原因是存在降低信息风险的需求。审计具有改善财务信息质量和通过信号传递有效配置财务资源从而起到降低信息风险的作用。保险论认为审计具有保险价值，审计活动中的保险人，也即审计人员，可以为投资者分担一定的风险。

随着审计的发展，关于审计的定义也逐渐丰富。美国会计学会基本审计概念委员会认为，审计是通过客观地获取和评价有关经济活动和经济事项认定的证据，以查明这些认定与既定的标准之间的符合程度，并将其传达给利害关系人的一个系统过程。美国的阿尔文·阿伦斯则提出，审计是由有胜任能力的独立人员对特定的经济实体的可计量信息进行收集和评价证据，以确定和报告这些信息与既定标准的符合程度。综上所述，审计定义包含的要素可归纳为：胜任的独立人员，经济活动和经济事项的认定，客观的证据，认定与既定标准的符合程度，有关使用者，系统过程。

审计按照不同分类方法可分为不同的形式。从主体上看，可以分为政府审计、内部审计和民间审计。从内容上看，可以分为经营审计、合规性审计和财务报表审计。从财务报表审计的技术方法上看，可以分为账表导向审计、内部控制导向审计和风险导向审计。

民间审计发展至今，其内容不断丰富，业务类型也得到了大幅度的扩展，其所承接的业务类型主要包含三大类，即鉴证业务、其他保证服务和其他非保证服务。其中，鉴证业务包含财务报表审计、内部控制审计、财务报表审阅和信息技术的鉴证服务，其他保证服务包含电子商务保证、风险评估保证、绩效评价保证、相关其他保证服务，其他非保证服务包含会计服务、税务服务、管理咨询服务。

政府审计是指政府审计机关独立检查会计账户，监督财政、财务收支真实性、合法性、效益性的行为，其实质是对政府受托经济责任履行结果进行独立的监督。政府审计是国家治理体系的重要组成部分，是依法监督制约权力的一项制度安排。我国政府审计的基本组织体系由中国共产党中央审计委员会、审计署及各审计机构组成。随着经济社会的发展，为实现政府审计的国家治理功能，审计范围从最初的财政及国有企事业单位财政收支审计拓展到资源环境审计、金融审计、绩效审计以及领导干部经济责任审计等领域。

内部审计是企业内部的一种独立、客观的鉴证和咨询活动，它通过运用系统、规范的方法，审查和评价组织的业务活动、内部控制和风险管理的适当性和有效性，以促进组织完善治理、增加价值和实现目标。内部审计存在多种具体功能，整体上可归为两类——鉴证和咨询。内部审计的主要业务包括财务审计、风险管理审计、内部绩效审计、信息系统审计、内部经济责任审计等。

随着信息技术的广泛运用，社会经济已逐步进入全面数字化时代。在大数据时代背景下，审计环境与审计客体也将发生深刻的变化，对审计技术、方法与模式都将产生革命性的影响。大数据、区块链、人工智能等信息技术不断应用于审计业务，正在快速改变传统的审计模式。

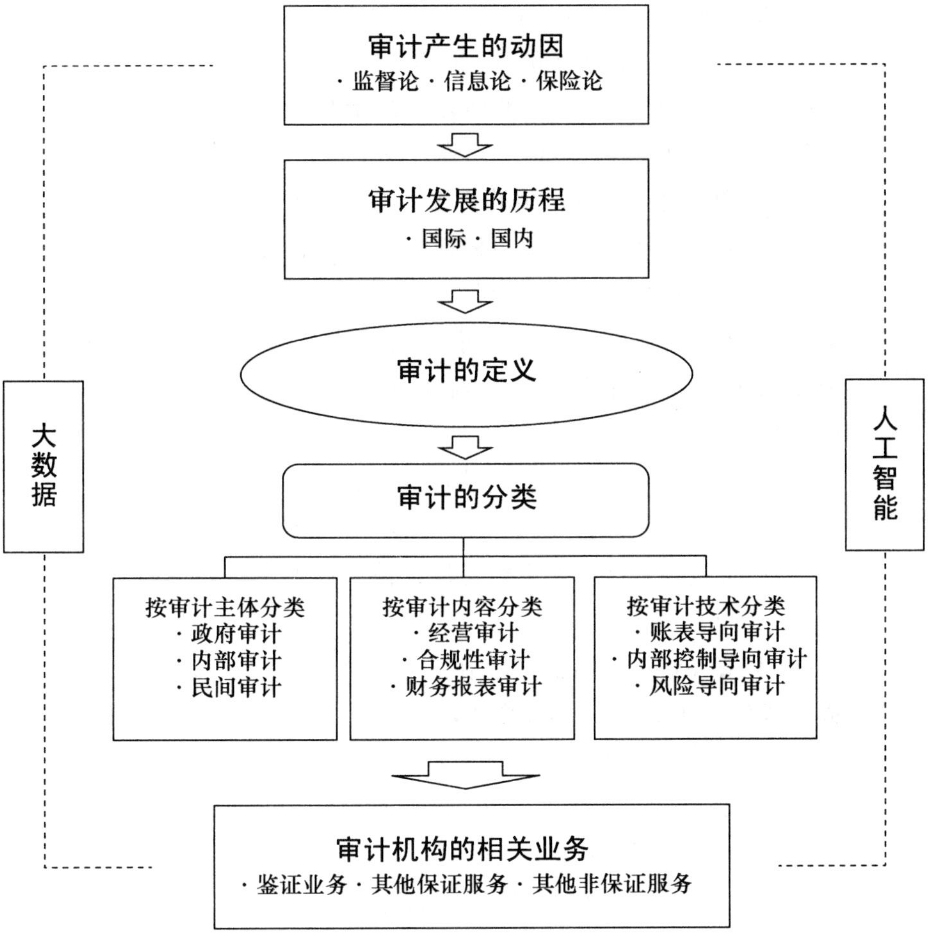

本章内容框架图

本章习题

一、单项选择题

1. 下列有关审计业务的说法中，正确的是（　　）。

A. 审计业务的最终产品是审计报告和后附财务报表

B. 如果不存在除责任方之外的其他预期使用者，则该项业务不属于审计业务

C. 审计的目的是改善财务报表质量，因此，审计可以减轻被审计单位管理

层对财务报表的责任

D. 执行审计业务获取的审计证据大多数是结论性的而非说服性的

2. 下列有关财务报表审计和财务报表审阅的区别的说法中，错误的是（　　）。

A. 财务报表审计所需证据的数量多于财务报表审阅

B. 财务报表审计提出结论的方式与财务报表审阅不同

C. 财务报表审计采用的证据收集程序少于财务报表审阅

D. 财务报表审计提供的保证水平高于财务报表审阅

3. 关于注册会计师审计，下列表述不恰当的是（　　）。

A. 注册会计师审计产生的直接原因是合伙制企业制度出现

B. 注册会计师审计对象可概括为被审计单位的经济活动与经济事项的认定

C. 注册会计师审计实质上就是一个系统化的过程

D. 注册会计师审计又称民间审计、第三方审计

4. 根据美国会计学会1973年对审计的定义，下列对审计概念的理解中，不恰当的是（　　）。

A. 通常审计定义中涉及的认定是指财务报表的认定

B. 对于财务审计，“既定标准”是公认会计准则

C. 财务报表审计工作主要是保证被审计单位财务报表是否与“既定标准”相同

D. 只有在将审计结果传递给有关使用者时才能实现审计的价值

5. 随着审计环境的不断变化，审计的方法也进行了相应的调整。在下列审计方法中，形成最晚，即最新的审计方法是（　　）。

A. 内部控制导向审计　　B. 风险导向审计

C. 详细审计　　D. 账表导向审计

6. 下列属于查错防弊阶段审计的特征的有（　　）。

A. 只对财务会计报表发表审计意见　　B. 抽样审计为主

C. 全面审计　　D. 只对资产负债表发表审计意见

7. 民间审计最显著的特点是（　　）。

A. 独立性　　B. 强制性　　C. 广泛性　　D. 针对性

8. 关于内部审计特征，下列表述不正确的是（　　）。

A. 审计方式是授权审计

B. 审计形式具有较强的灵活性和自主性

C. 审计结果需要对外公告，具有鉴证作用

D. 审计内容是审查和评价组织的业务活动、内部控制和风险管理的适当性和有效性，并提出改进意见

9. 下列关于财务报表审计的说法中，不正确的是（　　）。
A. 审计的目的是增强财务报表预期使用者对财务报表的信赖程度
B. 审计涉及为财务报表预期使用者如何利用相关信息提供建议
C. 审计可以有效满足财务报表预期使用者的需求
D. 财务报表审计的基础是注册会计师的独立性和专业性
10. 下列有关注册会计师审计和政府审计的说法中，错误的是（　　）。
A. 政府审计和注册会计师审计在获取审计证据时，各有关单位都有责任配合
B. 政府审计的依据是《中华人民共和国审计法》和审计署制定的国家审计准则
C. 注册会计师对审计过程中发现的问题只能提请企业调整有关数据或进行披露，没有行政强制力
D. 政府审计和注册会计师审计都是有偿服务，费用与审计客户协商确定

二、多项选择题

1. 针对财务报表审计，下列说法中正确的有（　　）。
A. 审计的目的是改善财务报表的质量，消除使用财务报表的信息风险
B. 审计的用户是包括管理层在内的财务报表预期使用者
C. 审计的核心工作是围绕管理层认定获取和评价审计证据
D. 审计的基础是独立性和专业性，注册会计师应当独立于被审计单位和预期使用者
2. 民间审计发展经历的阶段有（　　）。
A. 利润表审计阶段　　B. 查错防弊阶段
C. 资产负债表审计阶段　　D. 财务报表审计阶段
3. 针对注册会计师审计和政府审计，下列说法中错误的有（　　）。
A. 政府审计能够在职权范围内作出审计决定或者向有关主管机关提出处理、处罚意见
B. 注册会计师在审计过程中发现的问题应当提请被审计单位调整或披露，如果被审计单位管理层拒绝调整或披露，注册会计师应当出具否定意见的审计报告
C. 政府审计的依据是《中华人民共和国注册会计师法》和审计署制定的国家审计准则
D. 政府审计的对象是对政府的财政收支或者国有金融机构和企事业组织财务收支进行审计，审计目标是确定其是否真实、合法和具有效益
4. 下列关于财务报表审计和审阅的说法中，正确的有（　　）。
A. 财务报表审计提供合理保证，以积极方式提出结论

B. 财务报表审阅提供有限保证，以消极方式提出结论

C. 财务报表审计的检查风险低于财务报表审阅的检查风险

D. 财务报表审阅和财务报表审计获取证据的程序相同

5. 按照审计内容可将审计形式分为（　　）。

A. 账表导向审计　　B. 经营审计

C. 合规性审计　　D. 财务报表审计

6. 下列不属于鉴证业务的有（　　）。

A. 电子商务保证　　B. 风险评估保证

C. 会计服务　　D. 管理咨询服务

7. 下列各项中，属于信息时代中将给审计带来机遇与挑战的包括（　　）。

A. 大数据　　B. 区块链

C. 人工智能　　D. 风险导向审计

8. 风险导向战略系统审计和传统风险导向审计的不同之处主要体现在（　　）。

A. 风险导向战略系统审计更注重对被审计单位经营战略的分析

B. 风险导向战略系统审计更注重运用分析性程序来识别可能存在的重大错报风险

C. 风险导向战略系统审计更注重对例外项目的详细审计

D. 风险导向战略系统审计所指的审计证据包括对企业及其环境进行了解而获取的证据

9. 下列有关注册会计师执行的业务提供的保证程度的说法中，正确的有（　　）。

A. 代理财务信息不需要提供保证

B. 财务报表审阅提供有限保证

C. 对财务信息执行商定程序提供低水平保证

D. 鉴证业务提供高水平保证

10. 下列各项中，属于注册会计师审计和政府审计的区别的有（　　）。

A. 审计的标准不同

B. 审计目标和对象不同

C. 对发现问题的处理方式不同

D. 经费或收入来源不同

三、判断题

1. 区块链审计可发现所有账项造假。（　　）

2. 审计就是查账。（　　）

3. 审计的目的是改变财务报表的质量，消除使用财务报表的信息风险。（　　）

4. 鉴证业务提供有限水平保证。 （ ）

5. 财务报表审计是以积极的方式提出审计意见，而审阅是以消极的方式提出审计意见。 （ ）

6. 政府审计的对象包括一切营利及非营利单位。 （ ）

7. 目前，最新的审计方法是风险导向审计。 （ ）

8. 财务报表审阅属于鉴证业务。 （ ）

9. 财务报表审计是为了确定财务报表是否按照会计准则进行正确列报，是否存在错报。 （ ）

10. 注册会计师审计和政府审计的审计对象、目标、处理方式都不同。 （ ）

第二章

审计职业规范与审计人员法律责任

学习指导

一、学习要求

1. 掌握我国注册会计师执业准则体系的构成，并熟悉审计准则、了解其他鉴证业务准则和相关服务准则；

2. 熟悉我国会计师事务所质量控制准则的内容与要求；

3. 掌握我国注册会计师职业道德规范的内容与要求，并能够熟练辨别违反注册会计师职业道德基本原则的不利因素和具体表现（如违反审计独立性的情形）；

4. 掌握注册会计师法律责任的成因、类别，并能够理解法律责任对注册会计师、会计师事务所、审计报告使用者的不同意义；

5. 理解执业准则、职业道德规范、法律责任三者之间的关系，并能够了解与比较中美两国在这三个方面的差异。

二、内容框架

我国注册会计师执业准则体系包括中国注册会计师业务准则和会计师事务所质量控制准则。前者又包括鉴证业务准则和相关服务准则。鉴证业务准则可以进一步细分为审计准则、审阅准则和其他鉴证业务准则。审计准则是执业准则体系的核心内容，用以规范注册会计师执行历史财务信息（主要是财务报表）的审计业务；审阅准则用以规范注册会计师执行历史财务信息（主要是财务报表）的审阅业务；其他鉴证业务准则用以规范注册会计师执行除历史财务信息审计和审阅以外的非历史财务信息的鉴证业务，主要包括历史财务信息审计或审阅以外的鉴证业务和预测性财务信息的审核。相关服务准则用以规范注册会计师代编财务报表、执行商定程序、管理咨询、税务咨询和其他服务。会计师事务所质量控制准则适用于会计师事务所及其人员对财务信息审计和审阅、其他鉴证业务以及相关服务的质量控制，是对会计师事务所及其人员提出的质量控制政策和程序的要求。

美国注册会计师职业道德规范在结构上分为四个层次：职业道德原则、行为守则、行为守则解释及道德裁决。我国的注册会计师职业道德规范主要包括三个方面：职业道德基本原则、概念框架、具体应用。基本原则包括诚信、独立性、客观和公正、专业胜任能力和应有的关注、保密、良好职业行为。职业道德概念框架是指解决职业道德问题的思路和方法，用以指导注册会计师遵循职业道德基本原则。概念框架和具体应用都是围绕着基本原则展开。对职业道德基本原则产生不利影响的因素有许多，我们必须及时有效地采取防范措施。

独立性包括实质上的独立性和形式上的独立性，注册会计师在执行鉴证业务时，必须保持独立性。如果某一会计师事务所被视为网络事务所，应当与网络中其他会计师事务所的审计客户保持独立。

注册会计师的法律责任，是指注册会计师在执业时没有保持应有的职业谨慎，出现违约、过失或欺诈，从而导致对审计委托人、被审计单位或其他有利益关系的第三人造成损害，按照相关法律规定而应承担的法律后果。美国注册会计师法律责任的来源主要包括习惯法和成文法。其中，在习惯法下，一旦审计人员由于过失或欺诈导致委托单位经济受损，即便是由于委托单位职工舞弊引起的，遭受损失的委托单位也可向法院提出要求审计人员赔偿的诉讼。涉及审计人员法律责任的成文法主要有：1933 年颁布的《证券法》、1934 年颁布的《证券交易法》、1995 年颁布的《私人证券诉讼改革法》以及 2002 年颁布的《萨班斯-奥克斯利法案》。

我国注册会计师的法律责任可分为行政责任、民事责任、刑事责任三类。对注册会计师而言，行政责任包括警告、暂停执业、罚款、吊销注册会计师证书等；民事责任主要是指赔偿受害人损失；刑事责任是指触犯刑法所必须承担的法律后果，包括罚金、有期徒刑以及其他限制人身自由的刑罚等。注册会计师法律体系包括《注册会计师法》《公司法》《证券法》《刑法》以及相关司法解释等。

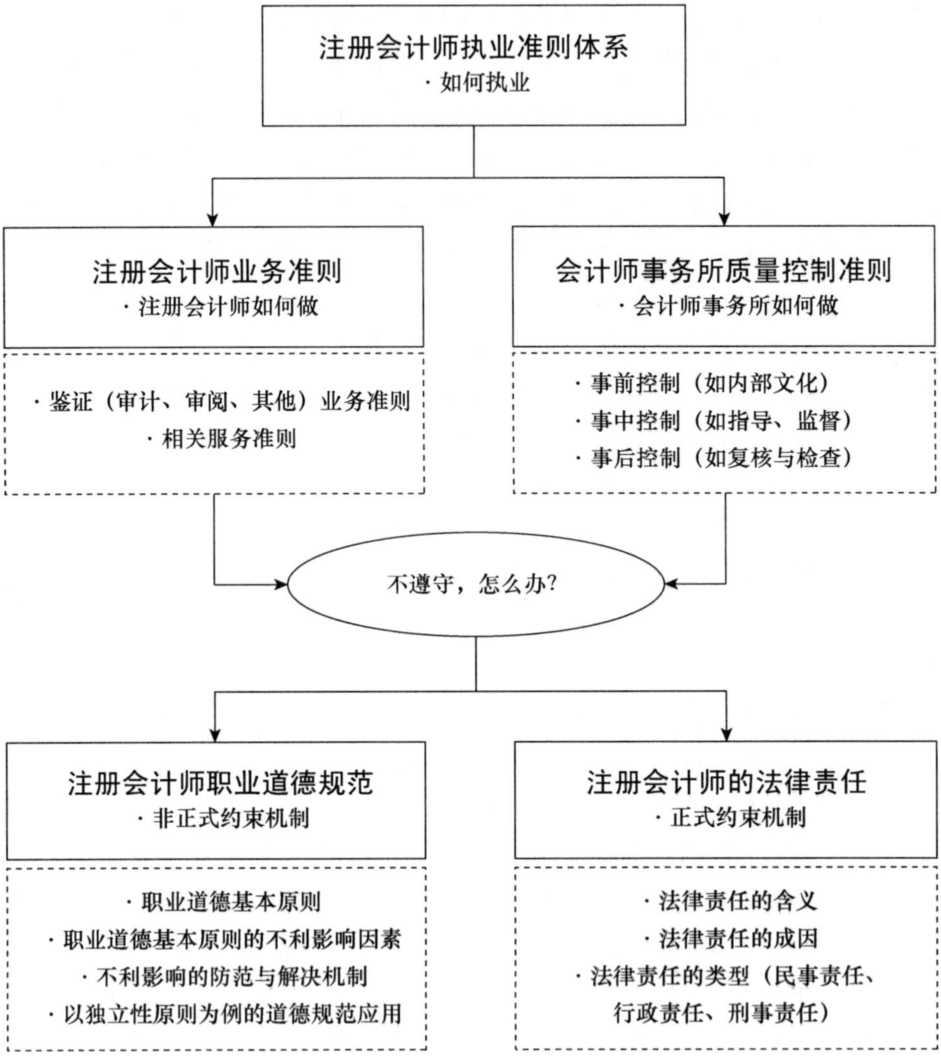

本章内容框架图

本章习题

一、单项选择题

1. 下列各项准则中，能够衡量注册会计师审计工作质量的权威性标准是（　　）。

A. 独立审计准则　　B. 质量控制准则

C. 职业道德准则　　D. 职业后续教育准则

2. 下列注册会计师的行为中，不违反职业道德规范的是（　　）。

A. 对自己的能力进行广告宣传

B. 不以个人名义承接一切业务

C. 承接了主要工作由其他专家完成的业务

D. 按服务成果的大小收费

3. 注册会计师在审计业务中形成结论或提出建议的依据是（　　）。

A. 充分、适当的证据　　B. 财务报表

C. 管理建议书　　D. 注册会计师的专业判断

4. 下列行为不符合职业道德要求的是（　　）。

A. 注册会计师应非客户邀请寄送自己的名片

B. 注册会计师主动向客户分发自己的名片

C. 注册会计师 A 连续两年担任客户甲的审计项目负责人

D. 事务所与客户签订合同规定审计报告为标准意见则全额收费，否则收取一半的费用

5. 注册会计师执行财务报表审计时应遵循的法律和准则是（　　）。

A.《会计法》和企业会计准则

B.《注册会计师法》和企业会计准则

C.《注册会计师法》和审计准则

D.《注册会计师法》《企业内部控制基本规范》和审计准则

6. 由于会计师事务所之间竞争激烈，某会计师事务所在承接业务时，收费的报价很低，那么最可能对（　　）原则产生不利影响。

A. 独立性　　B. 诚信

C. 专业胜任能力和应有的关注　　D. 保密

7. 下列有关职业怀疑的说法中，错误的是（　　）。

A. 注册会计师应当在整个审计过程中保持职业怀疑

B. 保持职业怀疑是注册会计师的必备技能

C. 保持职业怀疑可以使注册会计师发现所有由于舞弊导致的错报

D. 保持职业怀疑是保持审计质量的关键要素

8. 依照职业道德规范，审计人员如果经营鉴证客户的产品，或作为促销商推销鉴证客户的产品，则从（　　）方面影响其鉴证业务的独立性。

A. 经济利益　　B. 自我评价

C. 关联关系　　D. 外界压力

9. 注册会计师不仅在实质上保持独立性，而且要在形式上保持独立性的主要目的是（　　）。

A. 保证确实能够在实质上独立

B. 维护社会公众对注册会计师职业的信任

C. 保持注册会计师公正的心理状态

D. 遵守独立审计准则

10. 下列关于注册会计师职业道德的表述中，不恰当的是（　　）。

A. 注册会计师在提供专业服务时，可以在任何方面利用专家协助工作

B. 注册会计师在提供专业服务时，可以在特定领域利用专家协助工作

C. 在利用专家工作时，注册会计师应要求专家遵守注册会计师职业道德

D. 在利用专家工作时，注册会计师应当对专家遵守职业道德的情况进行监督和指导

11. ABC 会计师事务所接受委托，对甲公司 2019 年度财务报表进行审计。A 注册会计师作为项目合伙人，根据审计业务的要求，组建了甲公司审计项目组。下列情形中不会对审计独立性产生不利影响的是（　　）。

A. A 注册会计师以市场价格购买甲公司开发的房产一套，并一次性支付房款 150 万元

B. A 注册会计师的母亲于 2019 年购买甲公司发行的企业债券，面值 2 000 元，即将到期

C. 接受委托后，项目组成员 B 被甲公司聘为独立董事。为保持独立性，由项目组其他成员复核其执行的工作

D. ABC 会计师事务所合伙人 C 不属于项目组成员，其妻子继承父亲遗产，其中包括甲公司内部职工股份 20 000 股

12. 会计师事务所对无法胜任或不能按时完成的业务，应（　　）。

A. 聘请其他人员帮助　　B. 转包给其他事务所

C. 减少业务收费　　D. 拒绝接受委托

13. 甲注册会计师持有其为项目负责人的客户的 2 000 股股票，下列各项中导致其独立性受损的因素是（　　）。

A. 关联关系　　B. 经济利益

C. 长期交往　　D. 自我评价

14. 下列描述中，属于自我评价威胁的是（　　）。

A. 被审计单位财务经理曾经是事务所审计项目组成员

B. 审计项目组成员曾经是被审计单位的出纳

C. 审计项目组成员的妻子是被审计单位的独立董事

D. 审计项目组成员担任被审计单位的辩护人

15. 我国《刑法》规定，承担审计、资产评估等职责的中介组织的人员故意提供虚假证明文件，情况严重的，处（　　），并处或单处罚金。

A. 5 年以下有期徒刑拘役　　B. 5 年以下有期徒刑或拘役

C. 5 年以下有期徒刑　　D. 10 年以下有期徒刑

二、多项选择题

1. 在中国注册会计师职业道德规范指导意见中，针对注册会计师的专业胜任能力规范要求（　　）。

A. 不得宣称自己具有本不具备的专业知识、技能或经验

B. 在提供专业服务时，注册会计师可以在特定领域利用助理人员协助其工作，对助理人员的胜任能力进行监督和指导

C. 在利用专家工作时，注册会计师应当对专家遵守职业道德的情况进行监督和指导

D. 应当通过教育、培训和执业实践保持和提高专业胜任能力

2. 下列属于注册会计师的不相容职务的有（　　）。

A. 事务所为同一家上市公司提供资产评估和审计服务

B. 某审计项目负责人是被审计单位的独立董事

C. 事务所为同一家上市公司提供代编会计报表和审计服务

D. 事务所的合伙人之一是审计客户的董事

3. 审计执业准则体系包括（　　）。

A. 审计准则　　B. 审阅准则

C. 会计师事务所质量控制准则　　D. 其他鉴证业务准则

4. 注册会计师的下列行为违反职业道德的有（　　）。

A. 甲注册会计师在审计过程中知悉客户A公司的经营状况不良，劝持有A公司股票的朋友乙出售其股票，避免损失

B. 丙注册会计师同时在两家事务所任职

C. 丁注册会计师分发给客户的名片上说明自己的父亲是某财政局局长

D. 戊注册会计师接受客户赠送的贺年礼品，价值2 000元

5. 下列各项中，属于对遵循职业道德基本原则产生不利影响的因素有（　　）。

A. 自身利益　　B. 自我评价

C. 过度推介　　D. 外在压力

6. 针对客户的诚信问题，会计师事务所应当考虑的因素有（　　）。

A. 客户的经营性质

B. 客户是否过分考虑将会计师事务所的收费维持在尽可能低的水平

C. 客户可能涉嫌洗钱或其他刑事犯罪行为的迹象

D. 变更会计师事务所的理由

7. 会计师事务所制定的质量控制政策和程序应考虑的因素包括（　　）。

A. 客户的品质

B. 对业务质量承担的领导责任

C. 相关职业道德要求

D. 客户关系和具体业务的接受与保持

8. 会计师事务所的下列行为中，不违反职业道德基本原则的有（　　）。

A. 通过报纸刊登事务所合并的行为

B. 为获得客户支付业务介绍费

C. 收取与客户相关的介绍费

D. 与审计客户签订审计业务约定书，约定由审计客户报销审计项目组成员的交通、住宿和工作餐费用

9. 针对质量控制制度的目标和要求，下列说法中恰当的有（　　）。

A. 会计师事务所应当明确质量控制制度的最终责任

B. 会计师事务所质量控制制度仅对注册会计师执行审计业务提出要求

C. 质量控制制度只能合理保证注册会计师出具适合具体情况的报告

D. 质量控制制度不仅规范会计师事务所接受客户关系，同时规范保持具体业务

10. 下列各项中，属于鉴证业务准则的有（　　）。

A. 审计准则　　B. 审阅准则

C. 服务准则　　D. 执行商定程序准则

11. 下列有关审计独立性的表述中，正确的有（　　）。

A. 审计人员要保持形式和实质上的独立性

B. 经济来源的独立是审计工作保持独立性的物质基础

C. 组织机构的独立是审计工作独立性的保障

D. 内部审计没有独立性，社会审计独立性强

12. 下列属于注册会计师法律责任成因的有（　　）。

A. 违约　　B. 过失

C. 欺诈　　D. 民事责任

13. 美国注册会计师职业道德规范框架包括的内容有（　　）。

A. 职业道德原则　　B. 行为守则

C. 行为守则解释　　D. 道德裁决

14. 下列经济利益中，将会对独立性产生非常严重的不利影响，导致没有防范措施的情形的有（　　）。

A. 会计师事务所、审计项目组成员或其主要近亲属在审计客户中拥有直接经济利益或重大间接经济利益

B. 会计师事务所、审计项目组成员或其主要近亲属在对审计客户施加控制的实体中拥有直接经济利益或重大间接经济利益

C. 项目合伙人所在分部的其他合伙人或主要近亲属在该审计客户中拥有直接经济利益或重大间接经济利益

D. 会计师事务所、审计项目组成员或其主要近亲属和审计客户同时在某一实体拥有经济利益，经济利益重大，并且审计客户能够直接控制该实体

15. 下列不会对保密原则构成不利影响的有（　　）。

A. 在未得到客户授权情况下向行业监管机构提供审计工作底稿

B. 在未得到客户授权情况下向被审计单位关联实体提供审计工作底稿

C. 在审计客户允许的情况下向监管机构披露涉密信息

D. 在法律法规允许的情况下向第三方披露涉密信息

三、判断题

1. 我国注册会计师的法律责任主要是行政责任和刑事责任，不包括民事责任。（ ）

2. 注册会计师不能胜任的业务可以请其他专业人士或机构帮助。（ ）

3. 美国1933年《证券法》规定，证券购买者起诉会计师事务所或注册会计师时，举证责任在证券购买者。（ ）

4. 在美国习惯法下，一旦审计人员由于过失或欺诈导致委托单位经济受损，即便是由于委托单位职工舞弊引起的，遭受损失的委托单位均向法院提出要求审计人员赔偿的诉讼。（ ）

5. 注册会计师根据法律法规的要求，为法律诉讼、仲裁准备文件或提供证据违反了保密原则。（ ）

6. 判断注册会计师的工作是否符合要求的标准是质量控制准则。（ ）

7. 注册会计师应当诚实、实事求是，不得夸大宣传提供的服务、拥有的资质或获得的经验，不得贬低或无根据地比较其他注册会计师的工作。（ ）

8. 会计师事务所质量控制准则要求会计师事务所制定监控政策和程序，周期性地选取已完成的业务进行检查，周期最长不得超过五年。（ ）

9. 注册会计师只需保持实质上的独立性，无须保持形式上的独立性。（ ）

10. 质量控制中对职业道德的控制更多地表现为对形式上独立性的控制。（ ）

四、业务题

1. ABC会计师事务所委派A注册会计师担任非上市银行甲银行2019年度财务报表审计项目合伙人。ABC会计师事务所和XYZ公司处于同一网络。审计项目组在审计中遇到下列事项：

（1）A注册会计师2012年度至2014年度担任甲银行审计项目经理，并签署了审计报告，2016年度和2017年度担任甲银行审计项目合伙人，2015年度和2018年度未参与审计，也未以任何方式影响审计结果。

（2）甲银行是上市公司乙公司的重要子公司。A注册会计师的妻子于2019年9月7日购买乙公司股票1 000股，次日卖出。乙公司不是ABC会计师事务所的审计客户。

（3）会计师事务所的合伙人B于2018年1月1日退休后，根据政策继续享受两年分红。B自2019年7月1日起担任甲银行独立董事。

（4）2019年7月，审计项目组成员C按照正常的程序、条款和条件从甲银行取得购房贷款500万元。该贷款对C而言重大。

（5）XYZ公司接受甲银行委托，对其内审部完成的某项内审工作进行复核，并负责向治理层汇报内审工作结果。该项内审工作与财务会计系统、财务报表以及相关的内部控制均无关。

（6）丙公司是甲银行的子公司。2019年8月，XYZ公司和丙公司共同举办了企业外汇风险管理研讨会。在会上，双方联合推介了丙公司开发的外汇管理软件和风险管理咨询服务。

要求：针对上述（1）至（6）项，逐项指出是否存在违反中国注册会计师职业道德守则的有关独立性规定的情况，并简要说明理由。

2. DEF会计师事务所长期以来主要开展对银行、保险公司等金融机构的年报审计业务，以下是DEF会计师事务所及注册会计师与客户之间往来的相关情况：

（1）A保险公司于2017年10月聘请DEF会计师事务所为其设计了一套具有针对性的规章管理制度。章平注册会计师长期参与A保险公司报表的审计业务，同时是上述制度的主要设计者。2019年，章平担任A保险公司报表审计的项目负责人。

（2）DEF会计师事务所已连续5年承办A保险公司的年报审计业务。2019年年初，A保险公司决定2019年度财务报表审计业务继续由DEF会计师事务所执行。为保证审计的独立性，DEF会计师事务所决定自2020年起停止执行A保险公司年度报表审计业务，改为参与A保险公司的投资业务策划。

（3）李平注册会计师2019年5月接受事务所指派，参加W银行2019年度财务报表的审计项目。李平的妹妹在该银行担任财务助理。

（4）为解决员工住房问题，DEF会计师事务所与W银行经批准共同投资兴建了职工住宅楼，双方共同聘请物业公司进行日常管理。

（5）王清注册会计师2018年从Z银行贷款20万元购买了一辆轿车。按贷款协议约定，王清每月需要向Z银行偿还贷款3 500元。王清在2012年年底购买了房屋，无力按时向Z银行支付借款本息。2018年以来，已累计3个月没有偿还贷款。

要求：请根据具体情况，判断DEF会计师事务所接受相关的审计业务是否损害独立性；对于认为影响独立性的情形，如存在消除影响的措施，请指出。

第三章

注册会计师与会计师事务所

学习指导

一、学习要求

1. 了解我国注册会计师的一般素质要求和一般资格要求，了解美国注册会计师的一般资格要求；

2. 理解并掌握会计师事务所不同组织形式（如独资型、合伙型、有限责任公司型、职业公司型）特点、优缺点以及组织形式演变的现实背景和内在动因；

3. 了解我国会计师事务所组织形式演变的过程，并掌握特殊普通合伙制与普通合伙制的区别，理解我国倡导会计师事务所采取特殊普通合伙制形式的原因；

4. 了解“四大”国际会计师事务所在我国发展的历程，并熟悉其“本土化”的内容与进程。

二、内容框架

为了保证注册会计师及会计师事务所遵循审计执业规范以实现应有的审计质量，必须对审计行业实施一系列的管制。本章主要讲述一般准则中对注册会计师素质和资格的要求以及会计师事务所组织形式的基本知识，并对我国会计师事务所组织形式进行详细介绍。

从事注册会计师行业的人员必须具备相应的专业素质要求。专业素质包括专门学识、专门经验、专业训练和业务能力。注册会计师执业资格的取得要满足教育、考试和经验的要求，不同的国家和地区有不同的规定。

目前，在我国取得注册会计师资格的条件和要求是：具备大专或大专以上学历，或者具有会计、审计和经济等专业中级以上专业技术职称，且通过注册会计师考试。取得注册会计师资格，并在我国境内从事审计业务工作两年以上者，才能成为执业注册会计师。美国和中国的注册会计师准入制度最大的不同在于，美国并没有一个全国的统一标准，而是各州有各自的申请和准入制度。

各国一般都规定注册会计师必须在会计师事务所内才能承接和执行审计业务。会计师事务所必须具备一定的组织形式要求。

会计师事务所通常包括以下组织形式：独资型、合伙型、有限责任公司型、职业公司型等。不同组织形式的事务所分别具有不同的特点、优缺点和适用性。我国《注册会计师法》和《会计师事务所执业许可和监督管理办法》规定，会计师事务所可以采用普通合伙、特殊普通合伙以及有限责任的组织形式。为了促进我国注册会计师行业健康发展，促进我国会计师事务所做大做强，我国会计师事务所经历了“脱钩改制”以及向特殊普通合伙转制的组织形式演进阶段。

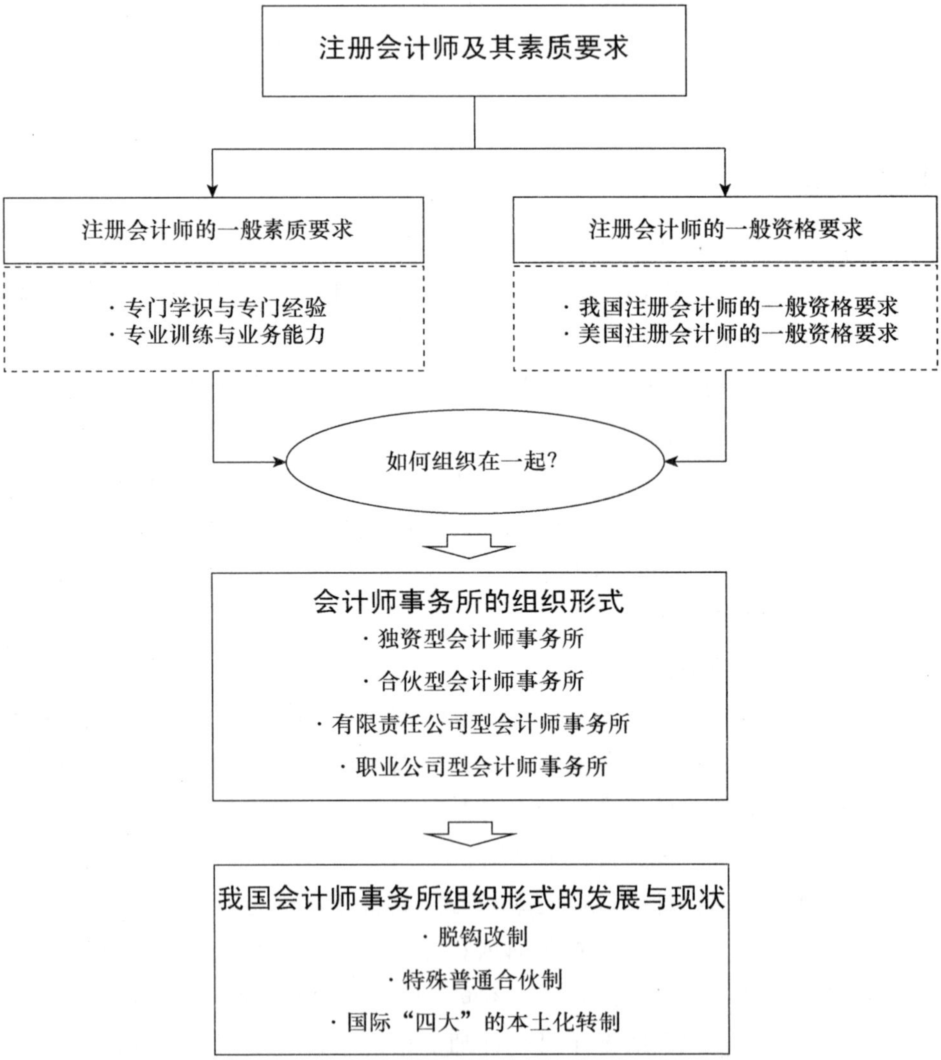

本章内容框架图

本章习题

一、单项选择题

1. 我国会计师事务所经历过“脱钩改制”，这里的“制”指的是（　　）。

A. 有限责任公司制　　B. 普通合伙制

C. 特殊普通合伙制　　D. 独资型

2. 下列关于会计师事务所的表述中，不正确的是（　　）。

A. 在特殊普通合伙制会计师事务所中，合伙人以自己在事务所中的财产为限承担责任

B. 独资会计师事务所的注册会计师承担无限责任

C. 普通合伙人以各自的财产对事务所的债务承担无限连带责任

D. 在有限责任公司制会计师事务所中，注册会计师以其认购股份对事务所承担有限责任

3. 我国注册会计师的一般资格要求不包括（　　）。

A. 教育要求　　B. 考试要求

C. 素质要求　　D. 经验要求

4. 我国倡导会计师事务所采用的组织形式是（　　）。

A. 独资型　　B. 职业公司型

C. 有限责任型　　D. 特殊普通合伙制

5. 下列关于注册会计师需要满足的素质要求中，正确的是（　　）。

A. 注册会计师必须具备会计、审计及其他相关专业的知识

B. 执行具体业务不需要注册会计师的判断

C. 注册会计师没必须接受后续教育

D. 注册会计师必须具备的理论知识只能通过教育取得

6. 注册会计师是一个对专业性要求非常高的职业，下列说法中错误的是（　　）。

A. 注册会计师的一般资格要求包括教育、考试和经验要求

B. 注册会计师必须通过两个阶段的考试

C. 获得注册会计师资格即成为执业会员

D. 注册由省级注册会计师协会办理，报财政部备案

7. 独资型会计师事务所的优点是（　　）。

A. 风险规避能力强

B. 执业灵活

C. 股东享有更多的特权和优惠

D. 有成员经营和管理经营两种管理方式

8. 下列关于合伙型会计师事务所的说法中，错误的是（　　）。

A. 合伙型会计师事务所规避风险能力比独资型会计师事务所强

B. 通过合伙的方式扩大事务所规模是一个漫长的过程

C. 在合伙型会计师事务所中，任何一个合伙人职业的疏忽都可能给事务所带来非常严重的后果

D. 合伙型会计师事务所的合伙人以出资额为限承担有限责任

9. 下列会计师事务所组织形式中，主要是因税收考虑而设置的是（　　）。

A. 独资型　　B. 职业公司型

C. 有限责任型　　D. 特殊普通合伙制

10. “四大”国际会计师事务所首次被批准与中国会计师事务所合作设立会计师事务所的年度是（　　）。

A. 1992　　B. 1997

C. 1978　　D. 2007

二、多项选择题

1. 注册会计师的素质要求应包括（　　）。

A. 专门学识　　B. 专门经验

C. 业务能力　　D. 人际关系网

2. 下列关于合伙型会计师事务所说法正确的有（　　）。

A. 合伙型会计师事务所的规模一般比有限责任公司型会计师事务所小

B. 合伙型会计师事务所承担的民事责任一般比有限责任公司型会计师事务所大

C. 合伙型会计师事务所更能获得公众对其审计工作的信赖

D. 会计师事务所采用合伙制的主要原因是吸纳更多资本投入

3. 成为注册会计师协会执业会员的条件有（　　）。

A. 取得注册会计师资格

B. 在会计师事务所获得两年的审计工作经验

C. 取得全科合格证书

D. 高中毕业

4. 有限责任公司制的弊端包括（　　）。

A. 决策机制不适应注册会计师行业的“人合”特性

B. 不利于注册会计师保持独立性

C. 不利于会计师事务所提升质量控制

D. 对股东人数有限制

5. 目前，我国会计师事务所采用的组织形式有（　　）。

A. 独资型会计师事务所

B. 有限责任公司制会计师事务所

C. 普通合伙制会计师事务所

D. 特殊普通合伙制会计师事务所

三、判断题

1. 凡参加我国注册会计师统一考试全科及格者即可申请注册成为中国注册会计师。（　）

2. 中国注册会计师有执业会员和非执业会员两种。（　）

3. “脱钩改制”中的“制”是指特殊普通合伙制。（　）

4. 注册会计师必须在会计师事务所内才能承接和执行审计业务。（　）

5. 合伙型会计师事务所的特点之一是合伙人以各自出资额的比例为限承担责任。（　）

第四章

审计目标、审计证据与审计工作底稿

学习指导

一、学习要求

1. 熟记财务报表审计的总体目标和具体目标，重点理解、扎实掌握和熟练应用两类管理层认定——关于所审计期间各类交易、事项及相关披露的认定和关于期末账户余额及相关披露的认定；

2. 了解审计证据的含义，理解审计证据的两个重要特征，重点掌握获取审计证据的常用审计程序以及各类审计程序的优缺点；

3. 了解编制审计工作底稿的目的与内容，了解审计工作底稿的编制、复核与管理的要求，并掌握审计工作底稿的三级复核制度。

二、内容框架

（一）审计目标

审计的总体目标是审计所要达到的目标与要求，是审计人员进行审计工作的基本原则，也是审计工作的指南和归宿，决定着审计的基本方向、工作方法、工作程序和工作范围。《中国注册会计师审计准则第 1101 号——注册会计师的总体目标和审计工作的基本要求》规定财务报表审计的总体目标是：(1) 对财务报表整体是否不存在由于舞弊或错误导致的重大错报获取合理保证，使得注册会计师能够对财务报表是否在所有重大方面按照适用的财务报告编制基础编制发表审计意见；(2) 按照审计准则的规定，根据审计结果对财务报表出具审计报告，并与管理层和治理层沟通。财务报表审计属于鉴证业务，注册会计师的审计意见旨在提高财务报表的可信赖程度，对财务报表整体不存在重大错报以积极的方式提供合理保证。

审计总体目标的发展经历了揭弊查错、验证财务报表的真实性公允性、揭弊查错与财务报表真实性公允性并重、高强度保证等几个阶段的演变。审计总体目标的实现，有赖于财务报表各项目具体审计目标的实现。审计的具体目标是确认管理层的认定是否恰当。管理层认定则是指管理层在财务报表中对各类交易和事项、相关账户和披露作出的明确或隐含的表达，注册会计师将其用于考虑可能发生的不同类型的潜在错报。关于所审计期间各类交易、事项及相关披露的认定包括发生、完整性、准确性、截止、分类和列报；关于期末账户余额及相关披露的认定包括存在、权利与义务、完整性、准确性、计价与分摊、分类和列报。具体审计目标为审计师对管理层的以上认定进行确认。

（二）审计证据

审计证据是审计理论中的一个核心概念，通俗地讲，审计工作就是收集、鉴定和评价审计证据的过程。《中国注册会计师审计准则第 1301 号——审计证据》指出，审计证据是注册会计师为了得出审计结论和形成审计意见而使用的信息，包括构成财务报表基础的会计记录所含有的信息和从其他来源获取的信息。

审计证据的特征包括充分性和适当性。充分性是对审计证据数量的衡量，主要与注册会计师确定的样本量有关。适当性是对审计证据质量的衡量，即审计证据在支持审计意见所依据的结论方面具有的相关性和可靠性。审计证据的充分性和适当性的判断均需要职业判断。判断审计证据的充分性需要考虑重要性、内部控制系统的有效性和成本效益原则等问题；判断审计证据的适当性需要考虑实施的审计程序和收集的审计证据是否能够有效地支持某类认定，与具体审计目标是否相关，还应考虑证据的类型、证据的来源、证据的时效、证据间的相互印证性和内部控制的有效性等方面的因素。

审计证据有六大类型，包括文件证据、实物证据、口头证据、询证证据、数学证据和分析性证据。文件证据是最基本、最大量的证据，其检查的轨迹按顺序不同可分为顺查和逆查。由于实施的具体方法不同，注册会计师可以根据需要单独或综合运用下列审计程序收集有关审计证据：检查记录或文件、检查有形资产、观察、询问、函证、重新计算、重新执行、分析程序等。分析程序常用的方法包括比较分析、比率分析和趋势分析三种。分析程序在财务报表审计的计划阶段和报告阶段都必须使用，在审计实施阶段则可根据实际情况选择运用。

（三）审计工作底稿

审计工作底稿是指审计人员对制定的审计计划、实施的审计程序、获取的审计证据以及得出的审计结论作出的记录。

审计工作底稿的作用包括：（1）是审计报告的基础；（2）是考核审计质量的

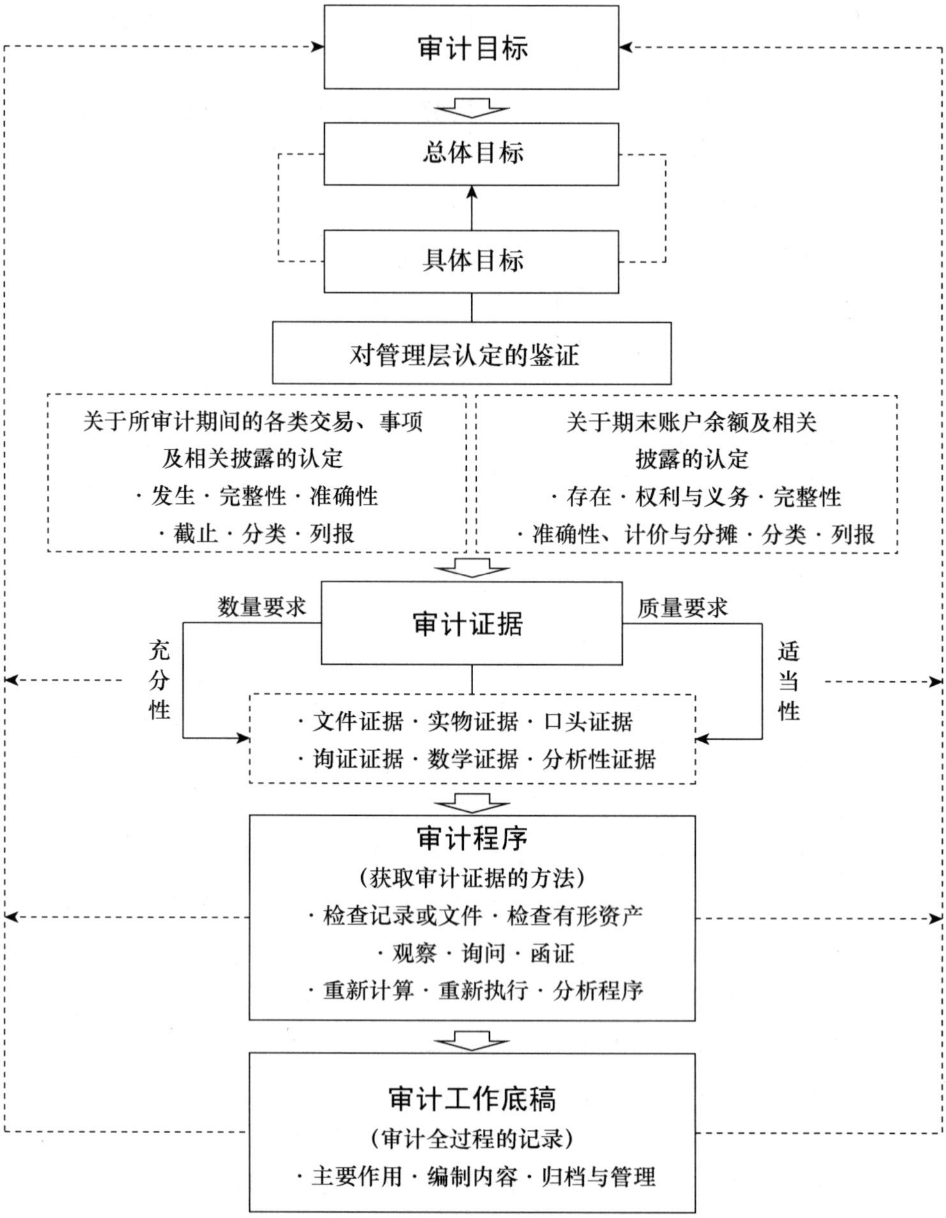

本章内容框架图

依据，是控制与监督审计质量的手段；（3）是连接整个审计工作的纽带；（4）对后续审计具有重要的参考价值。

审计工作底稿的形成方式主要有两种：一种是直接取得，另一种是审计人员亲自编制。注册会计师编制的审计工作底稿，应当使得未曾接触该项审计工作的有经验的专业人士清楚了解：（1）按照审计准则和相关法律法规的规定实施的审计程序的性质、时间安排和范围；（2）实施审计程序的结果和获取的审计证据；（3）审计中遇到的重大事项和得出的结论以及在得出结论时作出的重大职业判断。

通常审计工作底稿应包括下列全部或部分要素：(1) 标题；(2) 审计过程记录；(3) 审计结论；(4) 审计标识及其说明；(5) 索引号及编号；(6) 编制者姓名及编制日期；(7) 复核者姓名及复核日期；(8) 其他应说明事项。

审计人员应在审计工作结束后，对审计过程中所形成的审计工作底稿进行分类、整理、筛选和汇集并予以归档保管。审计工作底稿的归档期限为审计报告日后60天内。会计师事务所应当自审计报告日起，对审计工作底稿至少保存10年。业务工作底稿的所有权属于会计师事务所。

本章习题

一、单项选择题

1. 发生目标与（　　）有关。

A. 资产负债的漏计　　B. 收入费用的漏计

C. 资产负债的多计　　D. 收入费用的多计

2. 所有应当记录的交易或事项以及资产负债都已被记录的认定是（　　）。

A. 权利与义务　　B. 完整性

C. 存在　　D. 发生

3. 某项存货已经按照入库的数量记录，但由于单价错误导致存货账面金额有误，这是（　　）。

A. 存在目标　　B. 发生目标

C. 完整性目标　　D. 准确性、计价与分摊目标

4. 已记录的交易和事项已经发生并且与被审计单位有关的审计目标是（　　）。

A. 发生　　B. 权利与义务

C. 完整性　　D. 分类

5. 下列属于准确性、计价与分摊认定的是（　　）。

A. 属于企业的存货都已登记入账

B. 登记入账的存货都属于企业或是企业能够控制的经济资源

C. 从存货实物中选取项目追查至存货盘点记录

D. 存货在每期期末按成本与市价孰低法准确地计提了跌价准备

6. 准确性、计价与分摊具体审计目标主要的内容不包括（　　）。

A. 计算精确性　　B. 总值估价

C. 净值估计　　D. 截止

7. 检查固定资产处置的收入是否列入主营业务收入属于（　　）。

A. 分类目标　　B. 准确性目标

C. 权利与义务目标　　D. 披露目标

8. 被审计单位把租赁的固定资产作为自有固定资产入账并纳入盘点范围违反了（　　）。

A. 存在或发生认定　　B. 权利与义务认定

C. 准确性认定　　D. 完整性认定

9. 以已经在财务报表中的项目为检查的起点是为了实现（　　）目标。

A. 存在或发生　　B. 完整性

C. 准确性　　D. 分类

10. 一年内到期的长期负债需要重分类到流动负债项目下属于（　　）。

A. 财务报表金额估计正确性相关目标

B. 交易与事项相关目标

C. 期末余额相关目标

D. 列报与披露相关目标

11. 对审计数量方面的衡量，即要求审计证据的数量足以支持审计意见的形成，指的是审计证据的（　　）。

A. 充分性　　B. 适当性

C. 准确性　　D. 及时性

12. 下列关于审计证据的说法不正确的是（　　）。

A. 审计证据所需数量与账户的重要性成正比关系

B. 审计证据所需数量与内部控制的有效性成正比关系

C. 内部控制越有效，所需的审计证据数量越少

D. 审计证据的获取受到成本效益原则的制约

13. 对于重要的审计目标，注册会计师应当（　　）。

A. 实施相应的审计程序获取充分、适当的审计证据，即使超出成本预算

B. 如果获取该审计目标相关的审计证据所需成本超出预算，应放弃获取此类证据

C. 在没有其他替代程序可以获取同类证据时，出具无法表示意见的审计报告

D. 在没有其他替代程序时，中断审计，以避免高成本给事务所带来的损失

14. 下列审计证据中证明力最强的是（　　）。

A. 销售发票　　B. 购货发票

C. 出库单　　D. 经信用部门批准的销售单

15. 下列记录或文件中，通常不将其作为审计工作底稿的是（　　）。

A. 审计业务约定书

B. 有关重大事项的往来函件

C. 项目组与被审计单位举行的会议记录

D. 审计过程中初步思考的记录

16. 下列关于审计工作底稿的格式、要素和范围取决的因素中，错误的是（ ）。

A. 如果识别的是重大错报风险较高的项目，审计工作底稿记录的内容不需那么多

B. 审计证据的重要程度对审计工作底稿的格式、要素和范围有直接影响

C. 不同的审计程序得到的审计证据不同，审计工作底稿格式和要求也会有所不同

D. 如果从已执行审计工作或获取审计证据的记录中不易确定审计结论或结论的基础，需要记录结论或结论的基础的必要性

17. 在某些例外情况下，如果在审计报告日后实施了新的或追加的审计程序，或者得出新的结论，应当形成相应的审计工作底稿。下列各项中无须包括在审计工作底稿中的是（ ）。

A. 有关例外情况的记录

B. 实施的新的或追加的审计程序、获取的审计证据、得出的结论及对审计报告的影响

C. 对审计工作底稿作出相应变动的时间和人员以及复核的时间和人员

D. 审计报告日后，修改后的被审计单位财务报表草稿

18. （ ）是注册会计师发表审计意见、出具审计报告的依据，必须进行复核以防止差错。

A. 风险评估程序　　B. 实质性程序

C. 审计工作底稿　　D. 审计目标

19. 审计工作底稿复核的作用不包括（ ）。

A. 减少或者解除人为的审计误差，降低审计风险，提高审计质量

B. 及时发现和解决问题，保证审计计划顺利执行，协调审计进度，节约审计时间，提高审计效率

C. 便于对注册会计师进行审计质量监控，进行工作业绩考评

D. 便于审计人员形成审计意见

20. 在审计过程中编制的审计记录，包括由被审计单位为注册会计师编制的明细表，都是（ ）的财产。

A. 被审计单位　　B. 会计主管

C. 注册会计师　　D. 经理

21. 在归档审计工作底稿时，下列有关归档期限的要求正确的是（ ）。

A. 在审计报告日后 60 天内完成

B. 在审计报告日后 90 天内完成

C. 在审计报告公布日后60天内完成

D. 在审计报告公布日后90天内完成

22. 下列有关注册会计师在临近审计结束时实施分析程序的说法中，错误的是（　　）。

A. 实施分析程序的目的是确定财务报表是否与注册会计师对被审计单位的了解一致

B. 实施分析程序所使用的手段与风险评估程序中使用的分析程序基本相同

C. 实施分析程序应当达到与实质性分析程序相同的保证水平

D. 如果通过实施分析程序识别出以前未识别的重大错报风险，注册会计师应当修改原计划实施的进一步审计程序

23. 下列有关审计证据的说法中，正确的是（　　）。

A. 审计证据不包括会计师事务所接受与保持客户或业务时实施质量控制程序获取的信息

B. 注册会计师无须鉴定作为审计证据的文件记录的真伪

C. 注册会计师可以考虑获取审计证据的成本与所获取信息的有用性之间的关系

D. 外部证据与内部证据矛盾时，注册会计师应当采用外部证据

24. 注册会计师应尽早在资产负债表日后获取或编制总账账户名称及年末金额表，这张表就称为（　　）。

A. 利润表　　B. 全面收益表

C. 工作试算平衡表　　D. 余额调节表

25. 下列有关审计质量的说法中，错误的是（　　）。

A. 审计证据的适当性是对审计证据质量的衡量

B. 审计证据的质量与审计证据的相关性和可靠性有关

C. 注册会计师可以通过获取更多的审计证据弥补审计证据质量的缺陷

D. 在既定的重大错报风险水平下，需要获取的审计证据的数量受审计证据质量的影响

二、多项选择题

1. 财务报表审计的目标是审计人员通过执行审计工作，对（　　）方面发表审计意见。

A. 财务报表是否按照适用的企业会计准则和相关会计制度的规定编制

B. 财务报表是否在所有重大方面公允反映被审计单位的财务状况、经营成果和现金流量

C. 财务报表的合法性

D. 财务报表的公允性

2. 企业提供的财务报表应该按相关会计准则公允、客观地反映企业的（　　）。

A. 财务状况　　B. 经营成果

C. 现金流量　　D. 企业其他的重大有关事项

3. 企业财务报表中所列存货意味着（　　）。

A. 记录的存货是存在的，所有应当记录的存货均已记录

B. 存货以恰当的金额包括在财务报表中，与之相关的计价或分摊调整已恰当记录

C. 记录的存货都由被审计单位拥有

D. 记录的存货可以是代销货品

4. 注册会计师对所审计期间各类交易、事项及相关披露运用的认定和审计目标通常分为（　　）。

A. 发生、完整性　　B. 列报

C. 准确性　　D. 截止和分类

5. 企业对外提供的财务报表是企业管理层相关项目的认定，这些认定主要包括（　　）。

A. 关于所审计期间各类交易、事项及相关披露的认定

B. 关于期末账户余额及相关披露的认定

C. 关于现金流量表的认定

D. 关于管理层声明和承诺事项的认定

6. 接受审计业务是审计过程的第一阶段，在这个阶段我们要做的主要工作有（　　）。

A. 了解和评价审计对象的可审性　　B. 决策是否考虑接受委托

C. 商定业务约定条款　　D. 签订审计业务约定书

7. 下列各项中，不属于关于所审计期间各类交易、事项及相关披露的认定的包括（　　）。

A. 完整性　　B. 准确性

C. 权利与义务　　D. 准确性、计价与分摊

8. 审计只能对财务报表是否不存在由于舞弊或错误导致的重大错报提供合理保证的原因包括（　　）。

A. 因无法实现全面审计，当前采用的是抽样审计

B. 会计所包含的各种估计受未来事项的影响，具有很强的不确定性

C. 审计人员要侦查欺诈性财务报表是极其困难的，尤其是管理当局之间存在共谋时更是如此

D. 提供合理保证能减轻会计师事务所和审计人员的责任

9. 注册会计师在对应收账款实施函证时，能够为应收账款的（　　）认定提供相关可靠的审计证据。

A. 存在　　B. 准确性、计价与分摊

C. 权利与义务　　D. 截止

10. 下列有关函证的表述中，不正确的有（　　）。

A. 函证是仅依靠邮寄方式来获取证据的程序

B. 银行存款函证仅适用于银行账户中存在余额的项目

C. 询证函应该以被审计单位的名义发出

D. 如果应收账款期末余额较小，则不需要函证

11. 一般来说，审计证据的决策具体包括（　　）。

A. 选用何种审计程序

B. 对选定的程序，应选取多大的样本规模

C. 应从总体中选取哪些项目

D. 何时执行这些程序

12. 审计证据说服力的两个决定因素是（　　）。

A. 充分性　　B. 公允性

C. 客观性　　D. 适当性

13. 在审计中，样本规模是否适当取决于多项因素，其中最重要的两项因素是（　　）。

A. 审计师的独立性　　B. 注册会计师对错报的估计

C. 被审计单位内部控制的有效性　　D. 审计师的专业判断能力

14. 在审计过程中，注册会计师可根据需要单独或综合运用（　　）程序，以获取充分、适当的审计证据。

A. 检查记录或文件和检查有形资产　　B. 观察和询问

C. 函证和分析程序　　D. 重新计算或重新执行

15. 检查记录或文件可提供可靠程度不同的审计证据，审计证据的可靠性取决于记录或文件的（　　）。

A. 时效　　B. 来源

C. 数量　　D. 质量

16. 关于函证方式，以下说法中正确的有（　　）。

A. 对于注册会计师在询证函中列明拟函证的账户余额或其他信息的积极式询证函，其结果有可能导致被询证者对所列示信息不加核实就回函确认

B. 对于注册会计师在询证函中不列明账户余额或者其他信息的积极式询证函，其结果有可能由于被询证者需要做出更多的努力而导致回函率降低

C. 对于注册会计师要求被询证者仅在不同意询证函列示信息的情况下才予

以回函，则收到的回函能够为财务报表认定层次提供说服力强的审计证据

D. 如果注册会计师在采用积极的函证方式时没有收到回函，则说明所函证信息存在错误

17. 审计工作底稿是指注册会计师对（　　）作出的记录。

A. 制定的审计计划　　B. 实施的审计程序

C. 获取的相关审计证据　　D. 得出的审计结论

18. 注册会计师编制的审计工作底稿，应当使得未曾接触该项审计工作的有经验的专业人士清楚了解（　　）。

A. 按照审计准则和相关法律法规的规定实施的审计程序的性质、时间安排和范围

B. 实施审计程序的过程和获取的审计证据

C. 审计中遇到的重大事项和得出的结论以及在得出结论时作出的重大职业判断

D. 审计工作的监控人员及监控的日期和范围

19. 下列审计程序中，由此获取的证据一般可作为直接审计证据的有（　　）。

A. 询问　　B. 分析程序

C. 重新计算　　D. 检查账簿

20. 下列各项中，属于注册会计师编制审计工作底稿的目的的有（　　）。

A. 有助于项目组计划和执行审计工作

B. 保留对未来审计工作持续产生重大影响的事项的记录

C. 便于后任注册会计师的查阅

D. 便与监管机构对会计师事务所实施执业质量检查

21. 注册会计师应当及时编制审计工作底稿，以实现的主要目的包括（　　）。

A. 提供证据，便于注册会计师协会对会计师事务所实施执业质量检查

B. 提供证据，证明注册会计师已经按照审计准则和相关法律法规的规定计划和执行了审计工作

C. 提供充分、适当的记录，作为注册会计师出具审计报告的基础

D. 提供充分、适当的记录，保留对未来审计工作持续产生重大影响的事项的记录

22. 关于获取审计证据的审计程序，下列说法中正确的有（　　）。

A. 观察程序主要用于观察实物的资产状况和企业的主要业务活动

B. 重新执行是指要求被审计单位相关人员将内部控制的程序重新执行一遍，以检查其是否有效执行

C. 分析程序可用于风险评估，但不适用于控制测试

D. 在某些情况下，对询问的答复为注册会计师修改审计程序或实施追加的审计程序提供了证据

23. 分析程序可使用的信息有（　　）。

A. 税务局数据　　B. 工商局数据

C. 门店销售情况　　D. 经销商的反馈

24. 下列认定中，属于期末账户余额及相关披露的认定中所特有的包括（　　）。

A. 存在认定　　B. 分类认定

C. 列报认定　　D. 准确性、计价与分摊认定

25. 下列认定中，可能与固定资产账户审计相关的有（　　）。

A. 发生认定　　B. 分类认定

C. 完整性认定　　D. 列报认定

三、判断题

1. 若要注册会计师负责保证报表中的所有认定都正确，则所要求的证据和由此引起的履行审计职能的成本将会大幅度增加，从而使审计在经济上不切实际。（　　）

2. 分析程序是指注册会计师分析和评价被审计单位重要的比率和趋势，以便为证实财务报表数据之间的关系是否合理提供证据。（　　）

3. 在财务报表审计中，被审计单位管理层和注册会计师承担着不同的责任，不能相互混淆和替代。（　　）

4. 按照编制目的，财务报表可分为通用目的和特殊目的两种报表。前者是为了满足范围广泛的使用者的共同信息需要，后者是为了满足特定信息使用者的信息需要。（　　）

5. 应收账款的可收回金额、存货的可变现净值以及预计负债的金额等，管理层有责任根据企业的情况作出充分的估计，估计忌小不忌大，这符合谨慎性原则。（　　）

6. 如果内部来源获取的审计证据和外部来源获取的审计证据不一致，注册会计师应当采用外部证据。（　　）

7. 注册会计师的审计责任在于对财务报表不存在重大错报提供完全保证。（　　）

8. 通过询问一线销售人员获取的有关被审计单位营业收入的证据，具有较强的可信性，无须进一步核实。（　　）

9. 当在审计中未能发现重要错报时，注册会计师最好的抗辩理由就是说明审计是按照适用的审计准则执行的。（　　）

10. 注册会计师可以一直增加证据而不考虑效率，直至他们可以充分肯定

没有重大错报为止。 （ ）

11. 如果发生了销售交易，但没有在销售明细账和总账中记录，违反了发生认定。 （ ）

12. 扩大样本规模或选择不同的总体项目可以提高审计证据的适当性。 （ ）

13. 如果证据被认为是可靠的，那么它就能很好地帮助注册会计师判断财务报表的公允表达。 （ ）

14. 对某一特定的审计程序而言，从100个样本中获得的证据要比从50个样本中获得的证据更充分。 （ ）

15. 在选取最佳的某种类型或某些类型的证据之前，只需考虑各种方案的证据说服力不必考虑其收集的成本。 （ ）

16. 知情人员对询问的答复可能为注册会计师提供尚未获悉的信息或佐证证据，也可能提供与已获悉信息存在重大差异的信息，注册会计师不必考虑修改审计程序或实施追加的审计程序。 （ ）

17. 审计证据的重要程度不会影响审计工作底稿的格式、内容和范围。 （ ）

18. 分析程序是一种高度依赖职业经验的审计程序，通过该程序往往能获得被审计单位具体错报金额的直接证据。 （ ）

19. 关于所审计期间的各类交易、事项及相关披露的认定中的准确性、计价与分摊认定与关于期末账户余额及相关披露的认定中的准确性认定所包含的内容是相同的。 （ ）

20. 通常顺查与检验完整性认定有关，而逆查与检验发生或存在认定有关。 （ ）

四、业务题

1. 注册会计师对A公司2019年度财务报表进行审计时，发现A公司可能存在下列导致错误的情况：

（1）已列入存货的委托B公司代销的商品可能并不存在；

（2）期末存货的盘点可能存在较大差错；

（3）当年对应收账款所提的坏账准备可能不正确；

（4）可能存在未入账的应付账款；

（5）长期借款中可能有一年内将要到期的部分。

要求：为了证实上述问题，注册会计师执行了相应的审计程序，注册会计师用以证实上述认定所能实现的具体审计目标是什么？要实现上述目标所获取的相应的审计证据属于哪一类（按审计证据的形式分类）？

2. ABC会计师事务所的A注册会计师负责审计甲公司2019年度财务报表。审计工作底稿中与函证相关的部分内容摘录如下：

（1）因关联方回函的可能性较低，A注册会计师决定不对应收关联方乙公司的重要款项实施函证程序，在审计工作底稿中记录了不实施函证的理由，并实施了替代审计程序，结果满意。

（2）A注册会计师评估认为应收款项的重大错报风险为低水平，在期中审计时对截至2019年9月末的余额实施了函证程序。在期末审计时对剩余期间的销售和收款交易实施了控制测试，结果满意。

（3）A注册会计师于2019年12月31日对甲公司期末银行承兑汇票实施监盘，发现缺失一张大额票据，财务经理解释该票据已交由银行托收。A注册会计师向出票人寄发了询证函并收到回函，结果满意。

（4）因未收到应收丙公司款项的询证函回函，A注册会计师将检查期后收款作为替代审计程序，查看了应收丙公司款项明细账的期后贷方发生额，结果满意。

（5）A注册会计师在甲公司现场执行期末审计时，为及时获得回函，要求被询证者将回函寄至甲公司。A注册会计师作为收件人直接签收了回函。

要求：针对上述（1）至（5）项，逐项指出A注册会计师的做法是否恰当。如不恰当，简要说明理由。

3. ABC会计师事务所的A注册会计师负责审计多家被审计单位2019年度财务报表。与审计工作底稿相关的事项如下：

（1）因无法获取充分、适当的审计证据，A注册会计师在2020年2月28日中止了甲公司2019年度财务报表审计业务。考虑到该业务可能重新启动，A注册会计师未将审计工作底稿归档。

（2）A注册会计师在出具乙公司2019年度审计报告日的次日收到一份应收账款询证函回函，确认金额无误后将其归入审计工作底稿，未删除记录替代程序的原审计工作底稿。

（3）在将丙公司2019年度财务报表审计工作底稿归档后，A注册会计师知悉丙公司已于2020年4月清算并注销，认为无须保留与丙公司相关的审计档案，决定销毁。

（4）A注册会计师在丁公司2019年度审计工作底稿归档后，收到管理层寄回的书面声明原件，与已归档的传真件核对一致后，直接将其归入审计档案。

（5）A注册会计师获取了丁公司2019年度报告的最终版本，阅读和考虑年度报告中的其他信息后，通过在年度报告封面上注明“已阅读”作为已执行工作的记录。

要求：针对上述（1）至（5）项，逐项指出A注册会计师的做法是否恰当。如不恰当，简要说明理由。

第五章

审计风险与审计重要性

学习指导

一、学习要求

1. 理解审计风险的概念，了解审计风险的特征和成因；

2. 掌握审计风险的构成要素及其相互间的逻辑关系；

3. 掌握错报和重大错报风险的含义，理解财务报表层次和认定层次的重大错报风险及其对注册会计师和会计师事务所的意义；

3. 掌握固有风险、控制风险和检查风险的概念，并理解三者之间及其与审计风险之间的关系；

4. 理解重要性的含义和特点，掌握重要性的判断和评估原则，并熟悉在评估重要性时应考虑的因素；

5. 理解并掌握重要性与重大错报风险、检查风险、审计风险、审计证据之间的关系，以及这些关系对于开展审计工作的启示意义。

二、内容框架

审计风险是指当财务报表存在重大错报时，审计师发表不恰当审计意见的可能性，它是一种不可完全避免的客观存在的风险，它存在于审计过程的各个阶段，但又是可以适当控制的。审计风险的形成既有主观方面的原因，又有客观方面的原因。审计活动所处的法律环境、审计对象的复杂性和审计内容的广泛性、现代审计方法的缺陷等是审计风险形成的客观原因；审计人员的经验和能力不足、审计人员未保持足够的职业谨慎以及审计人员未坚守职业道德等是审计风险形成的主观原因。

审计风险取决于重大错报风险和检查风险。其中，重大错报风险属于客体风险，是指财务报表在审计前存在重大错报的可能性；检查风险属于主体风险，是指存在某一错报，该错报单独或连同其他错报可能是重大的，但审计人员没有发现这种错报的可能性。审计风险的两个构成要素之间并不是孤立的，二者之间是相互联系、相互作用的，共同构成审计风险，形成审计风险模型。

审计风险＝重大错报风险×检查风险

重大错报风险包括两个层次：财务报表层次和认定层次。认定层次的重大错报风险由固有风险和控制风险两部分组成。检查风险受审计方法本身的局限性影响，同时它还受审计程序的性质、时间和范围的影响，取决于审计程序设计的合理性和执行的有效性。审计人员对于重大错报风险只能评估而不能控制，只能根据对重大错报风险的评估水平来控制其检查风险。即在既定的审计风险水平下，可接受的检查风险与评估的重大错报风险的评估呈反向关系。

审计重要性是贯穿审计全过程的一个非常重要的概念。审计人员在编制审计计划、实施审计以及评价审计结果时，都要考虑重要性。通常而言，重要性可从以下方面进行理解：首先，如果合理预期错报单独或汇总起来可能影响财务报表使用者依据财务报表作出的经济决策，则通常认为错报是重大的；其次，对重要性的判断是根据具体环境作出的，并受错报的金额或性质的影响，或受两者共同作用的影响；最后，判断某事项对财务报表使用者是否重大，是在考虑财务报表使用者整体共同的财务信息需求的基础上作出的。

从本质上讲，重要性是一个临界点，超过这个临界点的错报将会对报表使用者的决策产生影响。重要性水平与审计风险存在反向关系。重要性的评估需要合理运用职业判断；重要性的评估要兼顾审计效果与效率；重要性的评估要同时结合错报或漏报的金额与性质；重要性的评估不能忽视小额错报或漏报的累积影响；重要性的评估要从财务报表和交易账户两个层次加以考虑。同时，注册会计师还应该确定实际执行的重要性。

错报是指某一财务报表项目的金额、分类或列报，与按照适用的财务报告编制基础应当列示的金额、分类或列报之间存在的差异。错报可能是由于错误或舞弊导致的。注册会计师应当累积审计过程中识别出的错报，评价识别出的错报对审计的影响，评价未更正错报对财务报表的影响。

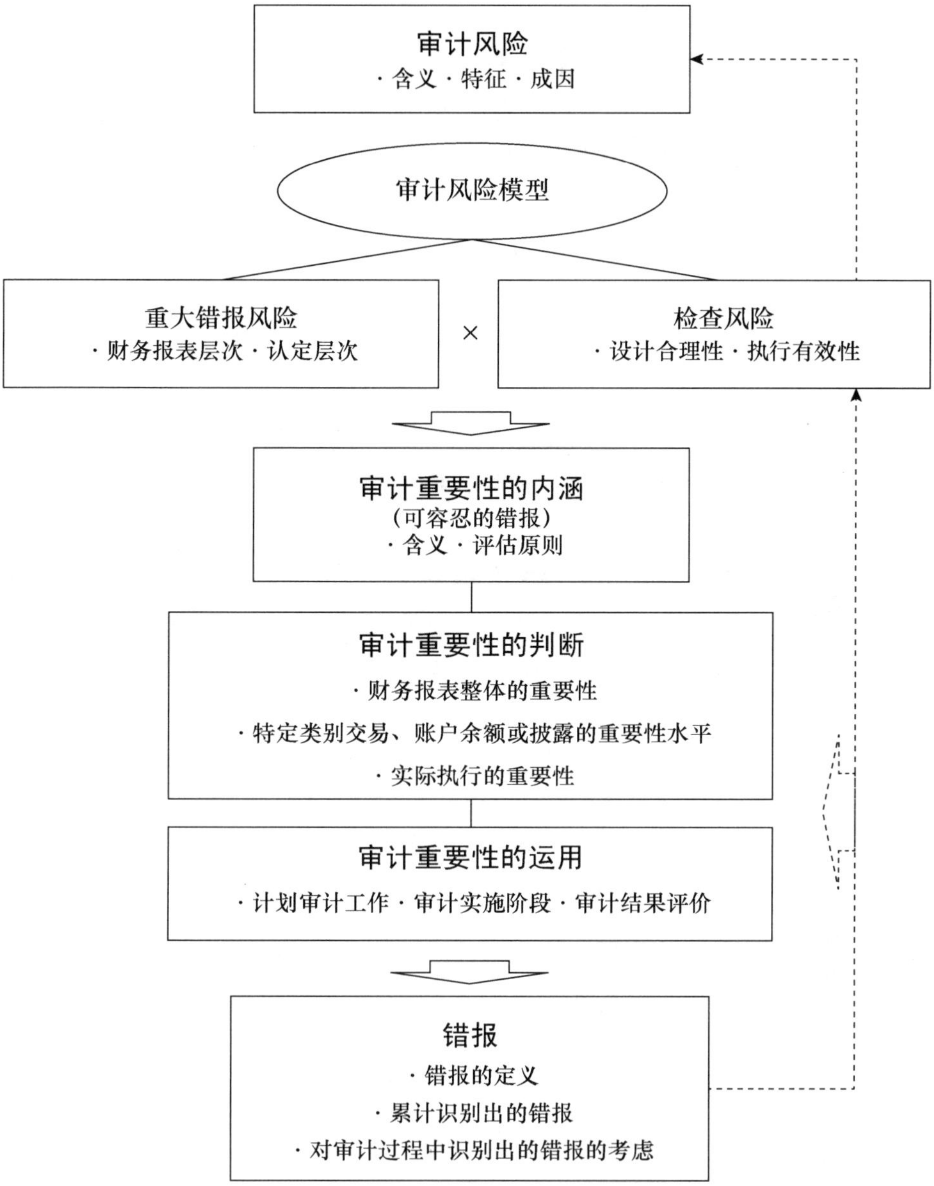

本章内容框架图

本章习题

一、单项选择题

1. 下列各项中不是导致审计风险形成的原因的是（　　）。

A. 审计活动所处的法律环境

B. 有些审计人员并未保持足够的职业谨慎

C. 审计人员有限的经验和能力

D. 审计方法的多样性

2. 舞弊不包括（　　）。

A. 编制财务报表时收集和处理数据出现错误

B. 操纵、伪造或篡改财务报表所依据的会计记录或相关凭证

C. 在财务报表中不真实地表达或故意遗漏重要信息

D. 故意误用会计政策

3. 关于审计风险的说法正确的是（　　）。

A. 审计风险是客观存在不可消除的，所以注册会计师无法控制它

B. 审计风险是注册会计师未遵守独立审计准则而导致出具不恰当的审计意见

C. 审计风险与财务报表的整体反映有关，与个别账户无直接关系

D. 对审计风险的考虑贯穿于审计的整个过程

4. 下列说法中恰当的是（　　）。

A. 控制风险是指客户失去相关内部控制时某一账户或交易类别单独或连同其他账户、交易类别产生的重大错报或漏报的可能性

B. 检查风险是指某一认定存在错报，审计人员没有发现的风险

C. 固有风险是指不存在内部控制情况下，某一账户、交易类别单独或连同其他账户、交易类别产生重大错报或漏报风险的可能性

D. 审计风险是指审计人员未遵守独立审计准则导致未能发现被审计单位重大错漏报风险的可能性

5. 在既定的审计风险水平下，下列表述错误的是（　　）。

A. 评估的认定层次重大错报风险越低，可接受的检查风险越高

B. 可接受的检查风险与认定层次重大错报风险的评估结果呈正向关系

C. 评估的认定层次重大错报风险越高，可接受的检查风险越低

D. 可接受的检查风险与认定层次重大错报风险的评估结果呈反向关系

6. 审计人员分配的主营业务收入项目的重要性水平为 20 000 元，审计中发现该项目的错漏报为 8 000 元，推导主营业务收入总体的错漏报为 21 000 元，则审计人员应该（　　）。

A. 发表保留意见的审计报告

B. 作为审计差错提请被审计单位调整

C. 作为不调整的审计差错在工作底稿中做记录

D. 不做任何处理

7. 下列说法中正确的是（　　）。

A. 客观存在的审计风险受审计人员的专业胜任能力和工作经验的影响

B. 不超过重要性金额的错漏报审计人员一定不会提请被审计单位调整

C. 重要性水平越高所要实施的审计工作量越大

D. 审计风险越高重要性水平应该越高

8. 在编制审计计划时，注册会计师应当对重要性水平作出初步判断，以便确定（　　）。

A. 所需审计证据的数量　　B. 可容忍误差

C. 初步审计策略　　D. 审计意见类型

9. 注册会计师可以通过设定审计程序来控制的风险是（　　）。

A. 审计风险和控制风险　　B. 固有风险和审计风险

C. 检查风险和审计风险　　D. 控制风险和固有风险

10. 下列降低审计风险的方法中，正确的是（　　）。

A. 高估注册会计师的专业能力　　B. 增加审计证据的数量

C. 低估审计客户的控制风险　　D. 提高重要性水平

11. 注册会计师在确定财务报表整体的重要性时通常选定一个基准。下列各项因素中，在选择基准时不需要考虑的是（　　）。

A. 被审计单位所处的生命周期阶段

B. 被审计单位的所有权结构和融资方式

C. 基准的相对波动性

D. 基准的重大错报风险

12. 下列关于错报的说法中，错误的是（　　）。

A. 错报可能是由于疏忽或明显误解有关事实而作出不正确的会计估计导致的

B. 错报可能是由于遗漏某项金额或披露导致的

C. 错报仅指某一财务报表项目金额与按照企业会计准则应当列示的金额之间的差异

D. 判断错报是指由于管理层对会计估计作出不合理的判断或不恰当地选择和运用会计政策而导致的差异

13. 下列有关审计风险的说法中，错误的是（　　）。

A. 如果注册会计师将某一认定的可接受审计风险设定为10%，评估的重大错报风险为35%，则可接受的检查风险为25%

B. 实务中，注册会计师不一定用绝对数量表达审计风险水平，可选用文字进行定性表述

C. 审计风险并不是指注册会计师执行业务的法律后果

D. 在审计风险模型中，重大错报风险独立于财务报表审计而存在

14. 下列有关固有风险和控制风险的说法中，正确的是（　　）。

A. 固有风险和控制风险与被审计单位的风险相关，独立于财务报表审计而存在

B. 财务报表层次和认定层次的重大错报风险可以细分为固有风险和控制风险

C. 注册会计师无法单独对固有风险和控制风险进行评估

D. 固有风险始终存在，而运行有效的内部控制可以消除控制风险

15. 下列有关检查风险的说法中，错误的是（　　）。

A. 检查风险是指注册会计师未通过审计程序发现错报，因而发表不恰当审计意见的风险

B. 检查风险取决于审计程序设计的合理性和执行的有效性

C. 检查风险通常不可能降低为零

D. 保持职业怀疑有助于降低检查风险

二、多项选择题

1. 下列各项中，属于固有风险的有（　　）。

A. 高科技含量的存货，由于技术进步，导致存货容易过时

B. 被审计单位内部行使控制职能的人员素质不适应岗位要求，影响内部控制功能的正常发挥

C. 鲜活、易腐商品存货，由于物质特性和保质期短暂，导致存货变质的风险很高

D. 复杂的计算比简单的计算更容易出错

2. 导致财务报表错误的情形有（　　）。

A. 会计人员在登记其他业务收入时误记到主营业务收入账上

B. 未经允许，任意改变应收账款坏账准备的计提比例

C. 会计人员在计算累计折旧时出现计算错误导致累计折旧账上金额不正确

D. 会计人员由于疏忽，在编制财务报表时将固定资产原值 900 万元写成 90 万元

3. 审计风险形成的客观原因包括（　　）。

A. 现代审计对象的复杂性和审计内容的广泛性

B. 审计技术的缺陷，例如抽样审计存在抽样误差

C. 审计人员的经验和能力存在一定的局限

D. 审计人员的职业道德水平不高

4. 重大错报风险由（　　）构成。

A. 固有风险　　B. 控制风险　　C. 审计风险　　D. 检查风险

5. 注册会计师在计划审计工作中应确定一个重要性水平以确定将要获取的审计证据数量，下列对重要性的陈述中不恰当的有（　　）。

A. 在计划审计工作时，注册会计师应当考虑导致财务报表发生重大错报的原因，并应当在了解被审计单位及其环境的基础上，确定一个可接受的

认定层次重要性水平

B. 注册会计师需要不断在审计执行过程中修正计划的重要性水平

C. 如果尚未更正错报汇总数接近重要性水平，注册会计师可以发表无保留意见的审计报告

D. 如果尚未更正错报的汇总数超过重要性水平，注册会计师应当考虑通过实施追加的审计程序，或要求管理层调整财务报表降低审计风险

6. 下列说法中正确的有（　　）。

A. 给定可接受的审计风险情况下可接受的检查风险与客户的固有风险成反比关系

B. 给定可接受的审计风险情况下可接受的检查风险与客户的控制风险成反比关系

C. 给定可接受的审计风险情况下可接受的检查风险与客户的固有风险成正比关系

D. 给定可接受的审计风险情况下可接受的检查风险与客户的控制风险成正比关系

7. 一般被视为重要的错漏报的有（　　）。

A. 金额小的错漏报累计起来产生重大影响

B. 涉及舞弊或违法行为的错漏报

C. 涉及法律责任后果的错漏报

D. 影响收益趋势的错漏报

8. 下列有关检查风险的说法中，恰当的有（　　）。

A. 在既定的审计风险水平下，可接受的检查风险与财务报表层次重大错报风险的评估结果呈正向关系

B. 检查风险的控制效果取决于设计的审计程序的合理性和执行审计程序的有效性

C. 注册会计师将重要账户的检查风险水平降低会影响其审计程序

D. 在审计风险确定的情况下，重大错报风险与可接受的检查风险呈反向关系

9. 在对重要性水平进行初步判断时，审计人员应该综合考虑的因素有（　　）。

A. 以往的审计经验

B. 有关法规对财务会计的要求

C. 被审计单位的经营规模和业务性质

D. 内部控制和审计风险的评估结果

10. 下列情况中审计人员需要从严制定重要性水平的有（　　）。

A. 法规对被审计单位一类的财务会计有特别的要求

B. 被审计单位是连续两年亏损的上市公司

C. 货币资金项目

D. 被审计单位内部控制较健全

11. 重要性水平包括（　　）。

A. 资产负债表重要性水平　　B. 利润表重要性水平

C. 单项重要性水平　　D. 汇总重要性水平

12. 下列关于重大错报风险的说法中，正确的有（　　）。

A. 重大错报风险包括固有风险和检查风险

B. 注册会计师应当将重大错报风险与特定的交易、账户余额和披露的认定相联系

C. 在评估一项重大错报风险是否为特别风险时，注册会计师不应考虑控制对风险的抵消作用

D. 注册会计师对重大错报风险的评估，可能随着审计过程中不断获取审计证据而做出相应的变化

13. 在理解重要性概念时，下列表述正确的有（　　）。

A. 重要性取决于在具体环境下对错报金额和性质的判断

B. 如果一项错报单独或连同其他错报可能影响财务报表使用者依据财务报表作出的经济决策，则该项错报是重大的

C. 判断一项错报对财务报表是否重大，应当考虑对个别特定财务报表使用者产生的影响

D. 较小金额错报的累积结果，可能对财务报表产生重大影响

14. 在确定重要性水平时，下列各项中通常可以作为计算重要性水平基准的有（　　）。

A. 持续经营产生的利润　　B. 非经常性收益

C. 资产总额　　D. 营业收入

15. 在运用重要性概念时，下列各项中注册会计师认为应当考虑的重要性有（　　）。

A. 财务报表整体的重要性

B. 实际执行的重要性

C. 特定类别的交易、账户余额或披露的重要性

D. 明显微小错报的临界值

16. 在确定实际执行的重要性时，下列各项因素中，注册会计师认为需要考虑的有（　　）。

A. 管理层和治理层对注册会计师与其沟通错报的期望

B. 前期审计工作中识别出的错报的性质和范围

C. 实施风险评估程序的结果

D. 根据前期识别出的错报对本期错报作出的预期

17. 实际执行的重要性通常为财务报表整体重要性的 50%～75%，应使用接近财务报表整体重要性的 50%的实际执行的重要性的情况有（　　）。

A. 连续审计项目，以前年度审计调整较多

B. 项目总体风险水平为中等，处于非高风险行业

C. 存在或预期存在值得关注的内部控制缺陷

D. 被审计单位管理层面临较大的市场竞争压力和业绩压力

18. 为了帮助注册会计师评价审计过程中累积的错报的影响以及与管理层和治理层沟通错报事项，将错报区分为（　　）。

A. 事实错报　　　　B. 明显微小错报

C. 推断错报　　　　D. 判断错报

19. 下列关于明显微小错报的说法正确的有（　　）。

A. “明显微小”不等同于“不重大”

B. 对于明显微小错报，不需要累积

C. 如果不确定一个或多个错报是否明显微小，可以认为这些错报是明显微小的

D. 明显微小错报一定不是重大错报

20. 下列各项中，注册会计师在执行一项财务报表审计业务时可以对其确定多个金额的有（　　）。

A. 特定类别交易、账户余额或披露的重要性水平

B. 实际执行的重要性

C. 明显微小错报的临界值

D. 财务报表整体的重要性

三、判断题

1. 一般而言财务报表使用者十分关心流动性较高的项目，因此，注册会计师应当从严确定重要性水平。（　　）

2. 舞弊是故意的错报，错误是无意的错报。（　　）

3. 由于控制的固有局限性，某种程度的控制风险始终存在。（　　）

4. 重大错报风险是固有风险和控制风险之和。（　　）

5. 金额大的错报一定比金额小的错报重要。（　　）

6. 重要性水平的确定需要运用专业判断。（　　）

7. 审计计划阶段考虑重要性是为了决定所要收集审计证据的类型和数量。（　　）

8. 审计人员在审计计划和实施阶段都要考虑重要性水平，由于实施阶段已经对错漏报进行了调整与否的分类，因此审计评价阶段就不需要考虑重要性水平。（ ）

9. 注册会计师王华对天籁公司 2019 年度财务报表进行审计，在评价审计结果时，尚未调整的错报、漏报的汇总数为 18 万元，在计划阶段确定的重要性水平只有 12 万元，注册会计师应当考虑实施进一步审计程序。（ ）

10. 重要性水平越低，审计风险越大。（ ）

11. 如果同一被审计期间各财务报表的重要性水平不同，为谨慎起见，审计人员应当取其较低者作为财务报表的重要性水平。（ ）

12. 检查风险不仅影响注册会计师所实施的实质性程序的性质、时间和范围，而且影响所发表的审计意见。（ ）

13. 注册会计师对审计重要性水平的评估越高，要收集的审计证据数量就越多。（ ）

14. 检查风险是指被审计单位财务报表存在重大错漏报而注册会计师发表不恰当的审计意见的可能性。（ ）

15. 通过执行更多的审计程序或扩大审计范围可降低被审计单位的重大错报风险和检查风险。（ ）

四、业务题

1. ABC 会计师事务所首次接受委托，审计甲公司 2019 年度财务报表，甲公司处于新兴行业，面临较大竞争压力，目前侧重于抢占市场份额，审计工作底稿中与确定重要性和评估错报相关的部分内容摘录如下：

（1）考虑到甲公司所处市场环境，财务报表使用者最为关注收入指标，审计项目组将营业收入作为确定财务报表整体重要性的基准。

（2）经与前任注册会计师沟通，审计项目组了解到甲公司以前年度内部控制运行良好、审计调整较少，因此，将实际执行的重要性确定为财务报表整体重要性的 75%。

（3）审计项目组将明显微小错报的临界值确定为财务报表整体重要性的 3%，该临界值也适用于重分类错报。

（4）审计项目组认为无须对金额低于实际执行的重要性的财务报表项目实施进一步的审计程序。

（5）在运用审计抽样实施细节测试时，考虑到评估的重大错报风险水平为低，审计项目组将可容忍错报的金额设定为实际执行的重要性的 120%。

（6）甲公司某项应付账款被误计入其他应付款，其金额高于财务报表整体的重要性，因此项错报不影响甲公司的经营业绩和关键财务指标，审计项目组同意管理层不予调整。

要求： 针对上述（1）至（6）项，逐项指出审计项目组的做法是否恰当。如不恰当，简要说明理由。

2. 上市公司甲公司是ABC会计师事务所的常年审计客户，A注册会计师负责审计甲公司2019年度财务报表，审计工作底稿中与确定重要性和评估错报相关的部分摘录如下：

项目	2019年	2018年	备注
营业收入	16 000万元（未审数）	15 000万元（已审数）	2019年，竞争对手推出新产品抢占市场，甲公司通过降价和增加广告投放促销
税前利润	50万元（未审数）	2 000万元（已审数）	2019年，降价及销售费用增长导致盈利大幅下降
财务报表整体的重要性	80%	100%	—
实际执行的重要性	60%	75%	—
明显微小错报的临界值	0	5	—

（1）2018年度财务报表整体的重要性以税前利润的5%计算。2019年，由于甲公司处于盈亏临界点，A注册会计师以过去三年税前利润的平均值作为基准确定财务报表整体的重要性。

（2）由于2018年度审计中提出的多项审计调整建议金额均不重大，A注册会计师确定2019年度实际执行的重要性为财务报表整体重要性的75%，与2018年度保持一致。

（3）2019年，治理层提出希望知悉审计过程中发现的所有错报，因此，A注册会计师确定2019年度明显微小错报的临界值为0。

（4）甲公司2019年年末非流动负债余额中包括一年内到期的长期借款2 500万元，占非流动负债总额的50%，A注册会计师认为，该错报对利润表没有影响，不属于重大错报，同意管理层不予调整。

（5）A注册会计师仅发现一笔影响利润表的错报，即管理费用少计60万元，A注册会计师认为，该错报金额小于财务报表整体的重要性，不属于重大错报，同意管理层不予调整。

要求： 针对上述（1）至（5）项，假定不考虑其他条件，逐项指出A注册会计师的做法是否恰当。如不恰当，简要说明理由。

第六章

审计抽样技术

学习指导

一、学习要求

1. 了解审计抽样的概念及其适用范围，理解统计抽样和非统计抽样的优缺点；

2. 了解抽样风险与非抽样风险的来源，并理解其对审计测试的影响；

3. 了解审计抽样技术在控制测试和实质性程序中的运用，掌握其基本流程和具体方法；

4. 理解并掌握影响抽样规模的因素和由样本审计结果推断总体情况的方法。

二、内容框架

审计抽样是指注册会计师对具有审计相关性的总体中低于百分之百的项目实施审计程序，使所有抽样单元都有被选取的机会，为注册会计师针对整个总体得出结论提供合理基础。

按抽样决策的依据不同，审计抽样可分为统计抽样和非统计抽样。统计抽样是一种利用数学和概率统计，依据随机原则抽取样本，据以推断总体的审计抽样方法。统计抽样应同时具备两个特征：（1）随机选取样本，以合理保证总体中每一项目都有被抽取的机会；（2）运用概率论统计并评价样本，而不是完全依靠审计人员的主观标准进行判断。非统计抽样是一种主观的审计抽样方法。在非统计抽样中，审计人员主要凭借个人的主观标准和经验，来确定样本规模、选取样本和评价抽样结果，因此，个人经验和主观判断能力是非统计抽样能否取得预期成效的关键。

在利用审计抽样获取审计证据时，审计人员会面临两类风险：抽样风险和非抽样风险。抽样风险是指审计人员根据样本得出的结论可能与审计对象总体

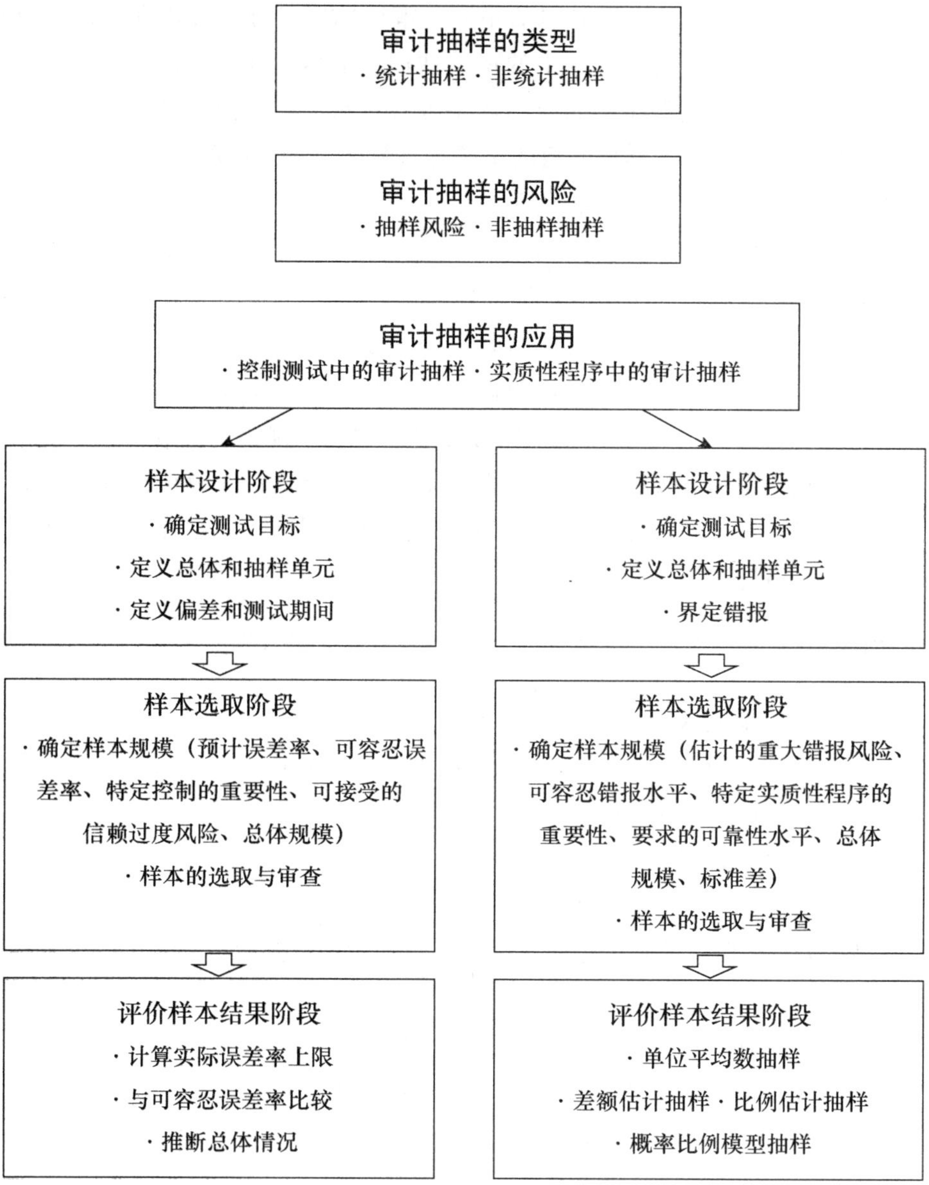

本章内容框架图

特征不相符的风险。抽样风险是由抽样引起的，与样本模型和抽样方法相关。在控制测试中，抽样风险包括信赖过度风险和信赖不足风险；在实质性程序的细节测试中，抽样风险包括误受风险和误拒风险。信赖不足风险和误拒风险会导致注册会计师执行额外的审计程序，降低审计效率；信赖过度风险和误受风险可能导致注册会计师形成不正确的审计结论，影响审计效果。非抽样风险是指审计人员由于其他与抽样风险无关的原因未能发现重大错报而得出错误结论的风险。非抽样风险亦会对审计效果或效率产生影响，但其影响程度无法量化。注册会计师可通过设计周密的审计程序，恰当地指导、监督和复核等来降低非抽样风险。

按测试对象的性质和目的不同，审计抽样可分为应用在控制测试中的审计抽样和应用在实质性程序中的审计抽样。虽然同样是采用统计抽样，但是在控制测试和实质性程序中的应用还是各有侧重。在控制测试中，关注的是内部控制中的偏差，使用抽样的目的主要是判断被审计单位的内部控制是否可以信赖；而在细节测试中，关注的是财务报表的具体项目，使用抽样的目的主要是判断财务报表中是否存在重大的错报。因此，用于控制测试中的审计抽样为属性抽样，而用于细节测试中的审计抽样为变量抽样。

审计抽样的应用主要包括确定样本设计阶段、样本选取阶段和评价样本结果阶段。在样本设计阶段需要确定测试目标、定义总体和抽样单元、定义偏差（界定错报）等；在样本选取阶段需要确定样本规模、选取样本、测试审查样本等，在确定样本规模时需要考虑其主要影响因素；在评价样本结果阶段主要根据抽样结果，推断和评价总体的偏差或错报程度，并据此形成审计结论或设计和实施审计程序以应对。

本章习题

一、单项选择题

1. 下列有关非抽样风险的说法中，错误的是（　　）。

A. 非抽样风险不能量化

B. 非抽样风险影响审计风险

C. 注册会计师可以通过扩大样本规模降低非抽样风险

D. 注册会计师可以通过采取适当的质量控制政策和程序降低抽样风险

2. 下列关于审计抽样的表述中，恰当的是（　　）。

A. 抽样风险与样本规模没有直接关系

B. 只要使用了审计抽样，就会有抽样风险

C. 如果对总体中所有项目实施检查，抽样风险会降低但不能降低为零

D. 非抽样风险可以量化

3. X注册会计师对甲公司2019年的付款是否得到授权进行测试，设定的控制要求是检查付款前是否有授权人在付款单据上的签字，则定义的抽样单元最恰当的是（　　）。

A. 每一张验收单　　B. 每一张现金支付凭证

C. 每一张付款单据　　D. 每一笔应付账款明细账

4. 为审查甲公司是否将发运凭证与销售发票相核对后登记主营业务收入，X注册会计师对公司销售发票及其有关的验收单据进行抽查，下列各项中不属于“偏差”的是（　　）。

A. 未附发运凭证的任何发票

B. 发票虽附有发运凭证，但该单据却属于其他发票

C. 发票与发运凭证记载的数量不符

D. 每张凭单上均附有发运凭证及发票

5. 在控制测试中，影响样本规模的因素不包括（　　）。

A. 可接受的信赖不足风险　　B. 可容忍偏差率

C. 预计总体偏差率　　D. 总体规模

6. 注册会计师决定抽查5，10，15，20，25，…号凭证进行审查，这种样本选取方法称为（　　）。

A. 分层选样　　B. 随机选样

C. 系统选样　　D. 属性抽样

7. 在属性抽样中，若信赖过度风险为5%、预计误差率为1%且可容忍误差率为7%，则应该选取的样本规模为（　　）。

A. 66　　B. 76　　C. 88　　D. 108

8. 注册会计师采用差额估计抽样法推断存货项目的总体错报，假定样本的账面金额是500万元，样本规模是200个，审计确定样本的实际金额是450万元，存货总体的账面金额是4 000万元，总体规模是2 000个，则推断的总体错报金额是（　　）万元。

A. 400　　B. 500　　C. 450　　D. 550

9. 在样本的选取过程中，可容忍错报水平与样本规模之间的关系是（　　）。

A. 正向变动　　B. 无关系

C. 负向变动　　D. 等于

10. 对于实际误差率超过可容忍误差率的属性抽样，审计人员应考虑（　　）。

A. 执行替代程序

B. 不拟进行该项控制测试

C. 将该属性的重大错报风险设在较低水平

D. 扩大实质性程序的程度和范围

11. X注册会计师采用传统变量抽样对甲公司存货项目进行审计，发现样本项目的审定金额和账面金额之间没有差异，则以下X注册会计师拟采用的推断总体错报的方法中，最恰当的是（　　）。

A. 单位平均数抽样法　　B. 比率估计抽样法

C. 差额估计抽样法　　D. 差异法

12. 注册会计师采用比率估计抽样法推断存货项目的总体错报，假定样本的账面金额是50 000元，样本规模为200个，审计确定样本的实际金额是

50 500 元，存货总体的账面金额是 300 000 元，总体规模为 1 000 个，则推断的总体错报金额为（　　）元。

A. 2 500　　B. 3 000　　C. 3 500　　D. 4 000

13. 下列关于概率比例规模抽样的表述中，正确的是（　　）。

A. 概率比例规模抽样适用于交易发生额或账户余额存在低估差错的情况

B. 与低估的账户相比，高估的账户被抽取的可能性更小

C. 每个账户被选中的机会相同

D. 余额为零的账户没有被选中的机会

14. 下列关于审计抽样的样本代表性的说法中，错误的是（　　）。

A. 样本的代表性是指根据样本测试结果推断的错报与总体中的错报完全相同

B. 如果样本的选取是无偏向的，该样本通常就具有了代表性

C. 样本代表性与样本规模无关

D. 样本代表性通常只与错报的发生率而非错报的特定性质相关

15. 下列抽样方法中，适用于控制测试的是（　　）。

A. 变量抽样　　B. 货币单元抽样

C. 属性抽样　　D. 差额估计抽样

二、多项选择题

1. 注册会计师实施的下列审计程序中，通常不会涉及审计抽样的有（　　）。

A. 风险评估程序　　B. 控制测试

C. 细节测试　　D. 实质性分析程序

2. 统计抽样是同时具备（　　）特征的抽样方法。

A. 随机选取样本

B. 无法精确地测定抽样风险

C. 运用概率论统计并评价样本结果

D. 运用职业判断评价样本结果

3. 在审计抽样中，导致非抽样风险的原因有（　　）。

A. 注册会计师推断某一重大错报不存在而实际上存在

B. 注册会计师未能适当地定义误差

C. 注册会计师选择的总体不适合测试目标

D. 注册会计师选择了不适于实现特定目标的审计程序

4. 下列抽样方法中，通常可用于统计抽样的有（　　）。

A. 随机抽样　　B. 系统选样

C. 整群选样　　D. 随意选样

5. 下列项目中，可以作为抽样单元的有（　　）。

A. 银行对账单的贷方记录　　B. 销售发票

C. 应收账款余额　　D. 货币单元

6. 下列各项中，属于传统变量抽样方法的有（　　）。

A. 单位平均数抽样　　B. 差额估计抽样

C. 概率比例规模抽样　　D. 比率估计抽样

7. 下列各项审计程序中，不适合运用审计抽样的有（　　）。

A. 细节测试　　B. 询问

C. 重新执行　　D. 实质性分析程序

8. 若将审计抽样运用于细节测试，下列各项中与样本规模成同向变动关系的有（　　）。

A. 总体标准差　　B. 可接受的误受风险水平

C. 可容忍错报水平　　D. 预期总体误差

9. 下列有关控制测试的样本规模的说法中，错误的有（　　）。

A. 对相关控制的依赖程度增加，所需的样本规模增大

B. 拟测试的总体预期偏差率增加，所需的样本规模增大

C. 可容忍偏差率增加，所需的样本规模增大

D. 大规模总体中抽样单元的数量增加，所需的样本规模增大

10. 下列对 PPS 抽样的相关理解中，合理的有（　　）。

A. 总体自动进行分层

B. 较大金额的差错被发现的概率较大

C. 对零余额或负余额的选取需要在设计时特别考虑

D. 确定所需的样本规模时不需要直接考虑货币金额的标准差

三、判断题

1. 非统计抽样充分利用了审计人员的职业经验和主观判断。（　　）

2. 在统计抽样中，审计人员对抽样结果只能进行定性的评价，难以得出定量的结果。（　　）

3. 信赖不足风险与审计的效率有关，会导致审计效率降低。（　　）

4. 当对总体中的所有项目都实施检查时，不存在抽样风险。（　　）

5. 非抽样风险与样本规模无关。（　　）

6. 样本量的大小与可接受误差和总体预计误差成正向变动关系。（　　）

7. 审计人员一般在控制测试中使用变量抽样。（　　）

8. 如果样本具有代表性，那么根据样本测试结果推断的错报一定与总体的错报完全相同。（　　）

9. 预计总体误差率与样本规模之间呈反向变动，即预计误差率越大，则需要测试的样本规模越小。（　　）

10. 随机选样是指首先计算选样间隔，确定选样起点，然后按照间隔顺序选取样本。 （ ）

11. 在控制测试中，若根据抽样结果计算的实际误差率上限超过可容忍误差率，审计人员应该考虑将该属性的重大错报风险维持在较高的水平并扩大实质性程序的程度和范围。 （ ）

12. 单位平均数抽样是通过样本的审定值和账面值的平均差异来估计总体实际价值与账面价值的平均差异，再以这个平均差异乘以总体项目个数求得总体的实际价值与账面价值的差异总额并推算总体的实际价值总额的一种方法。

（ ）

13. 在概率比例规模抽样法下，总体中每一项目被选中的概率等于该项目金额与总体金额的比率，也就是说项目金额越大，被选中的概率也越大。

（ ）

14. 风险评估程序和实质性分析程序不宜用审计抽样。 （ ）

15. 采用分层的方法可缓解样本和总体的标准差过大对抽样的干扰。

（ ）

四、业务题

1. ABC会计师事务所承接了甲公司2019年度财务报表的审计业务。在审计过程中，项目合伙人X注册会计师拟采用统计抽样的方法测试甲公司赊销审批是否得到有效执行。相关资料如下：

（1）X注册会计师将2019年所有的发运单作为抽样的总体。

（2）X注册会计师认为既然将总体定义为包括整个被审计期间的交易，就必须在12月31日以后实施控制测试。

（3）由于甲公司2019年赊销业务数量很大，因此X注册会计师认为总体规模对样本规模的影响可以忽略。

（4）在检查样本时，X注册会计师发现其中一张单据由未经授权的仓库主管代为审批，X注册会计师复核后认为该赊销金额在该客户的允许范围内，没有将其视为一项控制偏差。

要求：请单独考虑上述情况（1）～（4），逐项指出注册会计师的观点或者做法是否恰当。如不恰当，简要说明理由。

2. X注册会计师对甲公司2019年度财务报表进行审计。为审查销售交易的发生认定，X注册会计师拟从甲公司2019年度所开具的5 000张销售发票中，采用随机抽样法抽取若干发票进行控制测试，检查每张销售发票是否有相应的客户订单、销售单、出库单和装运凭证。X注册会计师确定的预计误差率为1.25％，既定的可接受的信赖过度风险是5％，可容忍误差率是5％。在95％的可信赖水平下，部分控制测试的样本量表如下所示：

预计误差率	可容忍误差率					
	2%	3%	4%	5%	6%	7%
0.75%	*	208 (2)	117 (1)	93 (1)	78 (1)	66 (1)
1.00%	*	*	156 (2)	93 (1)	78 (1)	66 (1)
1.25%	*	*	156 (2)	124 (2)	78 (1)	66 (1)
1.50%	*	*	192 (3)	124 (2)	103 (2)	66 (1)

在95%的可信赖水平下，部分控制测试的实际误差率上限表如下：

样本规模	实际误差数										
	0	1	2	3	4	5	6	7	8	9	10
90	3.3	5.2	6.9	8.4	9.9	11.4	12.8	14.2	15.5	16.8	18.2
100	3.0	4.7	6.2	7.6	9.0	10.3	11.5	12.8	14.0	15.2	16.4
125	2.4	3.8	5.0	6.1	7.2	8.3	9.3	10.3	11.3	12.3	13.2
150	2.0	3.2	4.2	5.1	6.0	6.9	7.8	8.6	9.5	10.3	11.1

要求：

(1) 试定义“偏差”。

(2) 根据上述样本量表确定样本量。

(3) 若样本中发现的误差数为1，且没有发现舞弊或凌驾于内部控制的情况，请根据上述实际误差率上限表确定实际误差率上限，并判断总体是否可以接受。

3. X注册会计师对甲公司2019年度财务报表进行审计。甲公司的账面记录显示，2019年度甲公司共发生了3 600笔产品销售业务，确认的账面销售收入为10 800万元。假设X注册会计师在审核该公司的销售业务时，从销售业务总体中抽取了300笔构成样本进行审查，样本的账面金额为960万元，审定金额为810万元。

要求：

(1) 代X注册会计师采用单位平均数抽样法推断总体错报金额。

(2) 代X注册会计师采用差额估计抽样法推断总体错报金额。

(3) 代X注册会计师采用比率估计抽样法推断总体错报金额。

第七章

接受业务委托与计划审计工作

学习指导

一、学习要求

1. 掌握注册会计师在决定是否接受客户委托时应考虑的因素；

2. 了解与前任注册会计师沟通应遵循的程序、应评估的情况，了解与老客户续约应特别考虑的问题，熟悉其他可能影响业务委托决定的特别因素；

3. 理解并掌握签订业务约定书之前确定审计前提条件对后续开展审计工作的意义，了解审计业务约定书的主要内容；

4. 掌握总体审计策略和具体审计计划的内容与编制方法。

二、内容框架

签订审计业务约定书和编制审计计划是审计准备阶段的核心工作。注册会计师应当在本期审计业务开始时开展下列初步业务活动：针对保持客户关系和具体审计业务，实施相应的质量控制程序；评价遵守相关职业道德要求（包括独立性要求）的情况；就审计业务约定条款与被审计单位达成一致意见。注册会计师执行初步业务活动为了实现以下目的：具备执行业务所需的独立性和能力；不存在因管理层诚信问题而可能影响注册会计师保持该项业务的意愿和事项；与被审计单位之间不存在对业务约定条款的误解。

接受或保持客户时应当考虑以下因素：被审计单位的基本情况；评价自身的独立性和专业胜任能力；与前任注册会计师沟通；与老客户续约；特别因素的考虑等。接受客户后，会计师事务所必须与被审计单位签订审计业务约定书，以明确双方的权利和义务，以避免双方对审计业务的理解产生分歧。审计业务约定

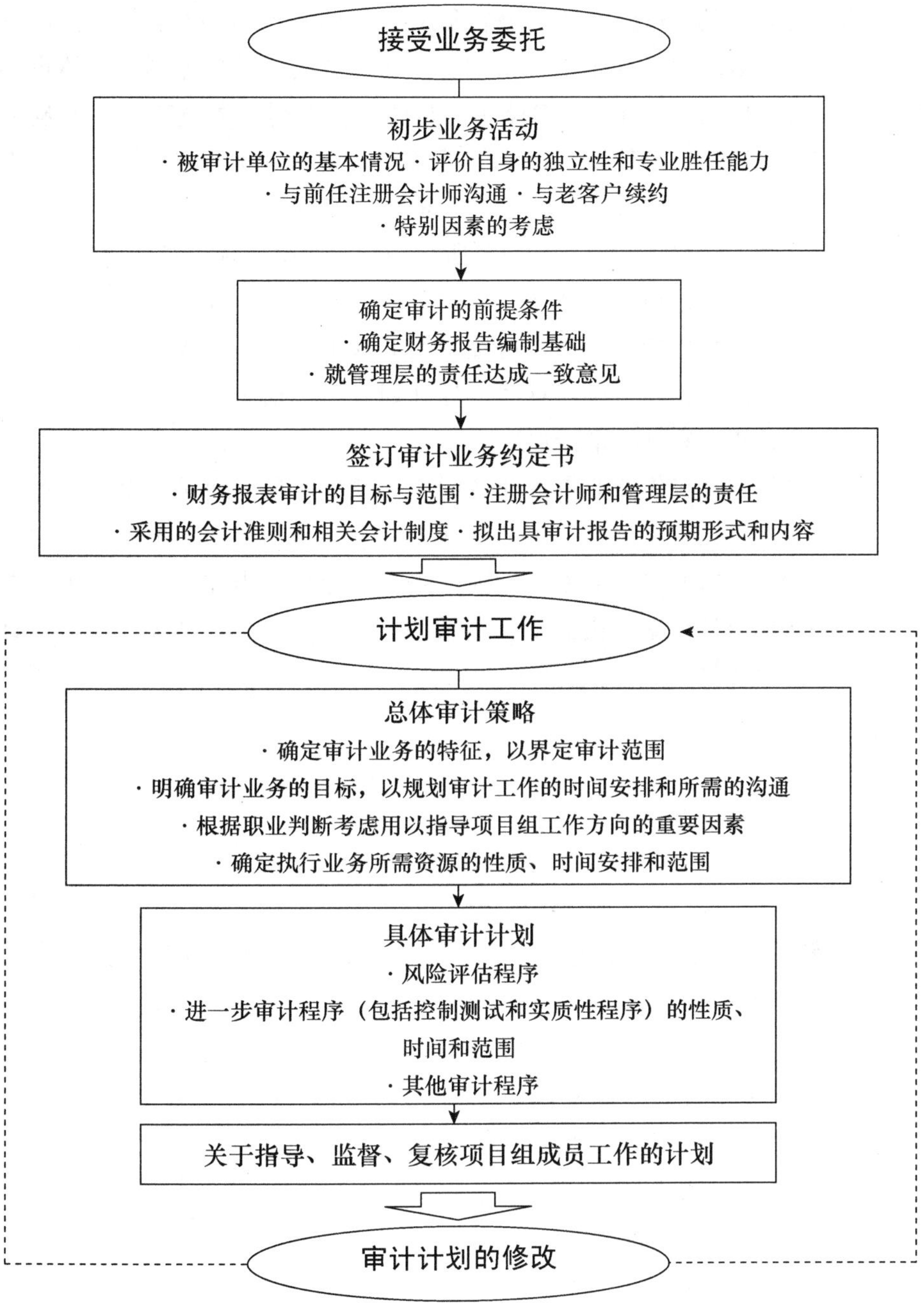

本章内容框架图

书应当包括以下内容：财务报表审计的目标与范围；注册会计师和管理层的责任；管理层编制财务报表采用的会计准则和相关会计制度；注册会计师拟出具的审计报告的预期形式和内容。

在接受审计委托后，为了完成各项审计业务，达到预期的审计目标，在具体执行审计程序之前，审计人员必须编制审计计划以对整个审计工作进行安排。

审计计划按其详略程度及适用范围分为总体审计策略和具体审计计划两个层次。总体审计策略用以确定审计范围、时间和方向，并指导制定具体审计计划。注册会计师应当在总体审计策略中清楚地说明下列基本内容：（1）确定审计业务的特征，以界定审计范围；（2）明确审计业务的报告目标，以规划审计工作的时间安排和所需沟通的性质；（3）根据职业判断考虑用以指导项目组工作方向的重要因素；（4）确定执行业务所需资源的性质、时间安排和范围。

具体审计计划比总体审计策略更加详细，其内容包括为获取充分、适当的审计证据以将审计风险降至可接受的低水平，项目组成员拟实施的审计程序的性质、时间安排和范围。具体审计计划应当包括风险评估程序、计划实施的进一步审计程序和其他审计程序。

计划审计工作并非审计业务的一个孤立阶段，而是一个持续的、不断修正的过程，贯穿整个审计业务的始终。由于未预期事项、条件的变化或通过实施审计程序获取的审计证据等原因，注册会计师应当在审计过程中对总体审计策略和具体审计计划作出必要的更新和修改。注册会计师还应当制定计划，确定对项目组成员的指导、监督以及对其工作进行复核的性质、时间安排和范围。

本章习题

一、单项选择题

1. 在初次接受年报审计委托时，审计人员应当了解的被审计单位的基本情况不包括（　　）。

A. 客户的业务性质　　B. 客户的内部控制有效性

C. 以前年度审计的情况　　D. 财务会计机构的工作

2. 会计师事务所自身评价的内容不包括（　　）。

A. 执行审计业务的能力

B. 会计师事务所及注册会计师的独立性

C. 审计收费

D. 应有谨慎性的能力

3. 下列各项中不属于财务报表审计的前提条件的是（　　）。

A. 管理层设计、执行和维护必要的内部控制，以使财务报表不存在由于舞弊或错误导致的重大错报

B. 管理层按照适用的财务报表编制基础编制财务报表，并使其实现公允反映

C. 管理层承诺将更正注册会计师在审计过程中识别出的重大错报

D. 管理层向注册会计师提供必要的工作条件

4. 下列各项中不属于审计总体计划的内容的是（　　）。

A. 确定审计业务的特征、审计业务范围

B. 明确审计业务的报告目标、计划工作的时间安排

C. 确定实施风险评估程序的性质、时间安排和范围

D. 考虑影响审计业务的重要因素

5. 审计工作的起点是（　　）。

A. 制定审计计划　　B. 实施审计程序

C. 收集审计证据　　D. 进行风险评估

6. 总体审计策略的详略程度取决于（　　）。

A. 上期审计报告的结果

B. 审计时间的要求

C. 被审计单位对同类行业所获取的审计经验和证据

D. 被审计单位规模及该审计业务的复杂程度

7. 注册会计师在制定总体审计策略时，对审计范围的考虑事项不包括（　　）。

A. 预期的审计工作涵盖范围，包括需审计的集团内组成部分的数量及所在地点

B. 内部审计工作的可利用性及对内部审计工作的拟依赖程度

C. 评估的财务报表层次重大错报风险对指导、监督及复核的影响

D. 拟利用在以前期间审计工作中获取的审计证据的程度

8. 治理层和管理层进行沟通，下列不属于应当沟通的内容的是（　　）。

A. 审计的时间安排和总体策略

B. 具体审计计划中执行的具体审计程序

C. 审计工作的性质、范围和时间

D. 预期签发报告和其他沟通文件的类型及提交时间

9. 下列有关审计计划的说法中，正确的是（　　）。

A. 总体审计策略不受具体审计计划的影响

B. 具体审计计划的核心是确定审计的范围和审计方案

C. 制定审计计划的工作应当在实施进一步审计程序之前完成

D. 制定总体审计策略的过程通常在具体审计计划之前

10. 下列有关前任注册会计师与后任注册会计师的沟通的说法中，正确的是（　　）。

A. 后任注册会计师应当在接受委托前和接受委托后与前任注册会计师进行沟通

B. 后任注册会计师与前任注册会计师的沟通应当采用书面方式

C. 后任注册会计师应当在取得被审计单位的书面同意后，与前任注册会计师进行沟通

D. 前任注册会计师和后任注册会计师应当将沟通的情况记录于审计工作底稿

二、多项选择题

1. 对审计客户的接受与续约主要应当考虑的因素有（　　）。

A. 被审计单位的基本情况

B. 评价自身的独立性和专业胜任能力

C. 与前任注册会计师的沟通

D. 被审计单位的审计风险

2. 后任注册会计师向前任注册会计师询问的内容应当合理、具体，至少包括（　　）。

A. 是否发现被审计单位管理层存在正直和诚信方面的问题

B. 前任注册会计师与管理层在重大会计、审计等问题上存在的意见分歧

C. 前任注册会计师向被审计单位治理层通报的管理层舞弊、违反法律法规行为以及值得关注的内部控制缺陷

D. 前任注册会计师认为导致被审计单位变更会计师事务所的原因

3. 为确定审计的前提条件是否存在，下列各项中注册会计师应当执行的工作有（　　）。

A. 确定管理层在编制财务报表时采用的财务报表编制基础是不是可接受的

B. 被审计单位的内部控制的有效性

C. 确定管理层是否认可并理解其与财务报表相关的责任

D. 被审计单位的管理层是否诚实守信

4. 审计业务约定书主要包含的内容有（　　）。

A. 财务报表审计的目标与范围

B. 注册会计师和管理层的责任

C. 管理层编制财务报表采用的会计准则和相关会计制度

D. 注册会计师拟出具的审计报告的预期形式和内容

5. 下列有关管理层责任的说法中，正确的有（　　）。

A. 被审计单位管理层应当负责设计、执行和维护必要的内部控制

B. 被审计单位管理层要对提供资料的真实性、完整性以及合法性负责

C. 如果管理层不认可或不理解其对财务报表的责任，则注册会计师只能考虑出具非无保留意见

D. 被审计单位应向注册会计师提供必要的工作条件，包括允许注册会计师接触与编制财务报表相关的信息

6. 会计师事务所在接受年报审计委托前要考虑被审计单位面临的特别因素，这些风险包括（　　）。

A. 被审计单位是否面临某些特殊的风险

B. 客户是否正陷入主管机构或政府部门的调查

C. 是否涉及违反银行债务契约而遭到起诉

D. 主要管理人员正在接受司法部门的调查

7. 注册会计师在审计过程中应该承担的义务有（　　）。

A. 按审计业务约定书约定按时出具审计报告

B. 按被审计单位的要求出具审计报告

C. 由于客观原因使审计范围受限而发表保留意见的应该酌量减少审计收费

D. 按照审计准则的规定对财务报表发表审计意见

8. 下列各项中属于具体审计计划的活动的有（　　）。

A. 确定重要性

B. 确定是否需要实施项目质量控制复核

C. 确定风险评估程序的性质、时间安排和范围

D. 确定进一步审计程序的性质、时间安排和范围

9. 在审计计划阶段，审计人员应该了解被审计单位的情况包括（　　）。

A. 被审计单位的行业状况和环境因素

B. 被审计单位的会计政策选用

C. 被审计单位的经营目标和风险以及战略选择

D. 被审计单位的内部控制

10. 下列各项中，通常可以作为变更审计业务的合理理由的有（　　）。

A. 环境变化对审计服务的需求产生影响

B. 客观因素导致审计范围受到限制

C. 委托方对原来要求的审计业务的性质存在误解

D. 管理层对审计范围施加限制

11. 注册会计师在制定总体审计策略时，应当考虑的影响审计范围的事项有（　　）。

A. 编制财务报表适用的会计准则和相关会计制度

B. 拟利用在以前期间审计工作中获取的审计证据的程度

C. 需审计的业务分部的性质，包括是否需要具备专业知识

D. 评估的财务报表层次重大错报风险对指导和监督以及复核的影响

12. 下列各项中会计师事务所在执行客户接受与保持程序时应当获取的相关信息有（　　）。

A. 没有信息表明客户缺乏诚信

B. 具有执行业务必要的素质和专业胜任能力

C. 具有执行业务必要的时间和资源

D. 能够遵守相关职业道德要求

13. 具体审计计划应覆盖的内容包括（　　）。

A. 确定执行业务所需资源的性质、时间安排和范围

B. 风险评估程序的性质、时间安排和范围

C. 认定层次拟实施的进一步审计程序的性质、时间安排和范围

D. 根据职业判断考虑用以指导项目组工作方向的重要因素

14. 风险评估程序包括（　　）。

A. 询问管理层以及被审计单位内部其他人员

B. 分析程序

C. 观察和检查

D. 函证

15. 在确定进一步审计程序的性质时，注册会计师应当考虑的因素有（　　）。

A. 认定层次重大错报风险的评估结果

B. 审计风险

C. 评估认定层次重大错报风险产生的原因

D. 是否在管理层不可预见的时间实施审计程序

三、判断题

1. 审计过程中出现注册会计师无法解决的专业问题时，可以选择终止业务委托。（　　）

2. 专家应该对其工作过程和结果负责，注册会计师不保证专家工作的结果。（　　）

3. 后任注册会计师应该取得客户的同意才能与前任注册会计师进行沟通。（　　）

4. 如果是连续接受年报审计委托，在签约前就无须再对客户进行了解。（　　）

5. 具体审计计划应当将识别、评估与应对舞弊嫌疑或舞弊指控列入考虑范围。（　　）

6. 只要注册会计师严格遵守独立审计准则就可以查出被审计单位的所有错漏报。（　　）

7. 如果是重复接受审计，审计人员可以参照上一年审计的情况来制定审计计划。（　　）

8. 注册会计师计划的进一步审计程序可以分为进一步审计程序的总体方案和拟实施的具体审计程序。（　　）

9. 注册会计师应当为审计工作制定具体审计计划。具体审计计划比总体审计策略更加详细，其核心内容是注册会计师为获取充分、适当的审计证据以将

重大错报风险降至可接受的低水平拟实施的审计程序的性质、时间安排和范围。（ ）

10. 当评估的重大错报风险较高时，注册会计师应当考虑在期末或接近期末时实施实质性程序，或在管理层不可预见的时间实施审计程序。（ ）

四、业务题

1. A注册会计师负责审计客户甲公司2019年度财务报表，在审计业务开展之前制定的总体审计策略和具体审计计划以及在制定计划时所作出的考虑，部分内容摘录如下：

（1）初步了解2019年度甲公司所处的环境未发生较大的变化，因此负责该公司的注册会计师不再对被审计单位甲公司的管理层和治理层进行评判，拟对被审计单位给予信赖。

（2）对计划中制定的重要性水平做出相应的修改，拟通过修改计划实施的实质性程序的性质、时间安排和范围来降低重大错报风险。

（3）承接一个新客户之前，如果被审计单位不同意前任注册会计师作出答复，或限制答复的范围，则后任注册会计师应拒绝接受业务委托。

（4）在审计实务中，随着审计工作的推进，注册会计师会发现已经制定的审计计划需要根据审计工作的实际情况作出相应的更新或修改。

（5）甲公司于2019年关闭了公司下设的办事处，并注销了其银行账户，因此不再函证该银行账户。

要求：针对上述事项（1）至（5），逐项指出A注册会计师的做法是否恰当。如不恰当，简要说明理由。

2. A注册会计师是X公司2019年度财务报表审计业务的项目合伙人。关于其制定审计计划的相关情况如下：

（1）总体审计策略用以确定审计范围、时间安排、审计方向及审计资源的分配。

（2）具体审计计划仅在审计开始阶段进行。

（3）A注册会计师在判断某事项对财务报表是否重大时，考虑错报对个别报表使用者可能产生的影响。

（4）依据A注册会计师对重要性概念的理解，在依据重要性水平判断一项错报是否属于重大错报时，如果错报的性质不严重，而且错报金额低于重要性水平，就可以认为该错报不属于重大错报。

（5）A注册会计师拟通过修改计划实施的实质性程序的性质、时间安排和范围降低重大错报风险。

要求：请分别针对上述情况（1）至（5），指出A注册会计师在计划审计工作的过程中是否存在不当之处，简要说明原因。

第八章

风险评估程序

学习指导

一、学习要求

1. 了解实施风险评估程序的目的和要求，熟悉风险评估程序的信息来源，掌握注册会计师应当实施的风险评估程序（包括询问、检查、观察、分析性程序）；

2. 了解项目组内部讨论的内容及其对开展审计工作的意义；

3. 掌握了解被审计单位及其环境（包括内部控制）的内容，并理解各方面内容的重点和它们之间的关系；

4. 掌握重大错报风险评估的相关内容和总体过程，并关注和理解风险评估过程中需要特别考虑的重大错报风险和仅通过实质性程序无法应对的重大错报风险。

二、内容框架

风险导向审计的主线是识别、评估和应对重大错报风险。注册会计师应当实施风险评估程序，了解被审计单位及其环境，识别和评估重大错报风险，再针对重大错报风险设计和实施审计程序予以应对。风险评估程序的目的在于识别和评估财务报表层次和认定层次的重大错报风险，包括：（1）询问被审计单位管理层和内部其他相关人员；（2）观察和检查；（3）分析性程序。同时，在了解过程中必须认真开展和注重项目组成员之间的讨论。

注册会计师应当从下列方面了解被审计单位及其环境：（1）被审计单位的性质；（2）被审计单位的目标、战略以及相关经营风险；（3）行业状况、法律与监管环境以及其他外部因素；（4）被审计单位财务业绩的衡量和评价；（5）被审计单位对会计政策的选择和运用；（6）被审计单位的内部控制。

企业内部控制是一个为企业目标（如合规性目标、资产安全目标、财务报告目标、经营目标、战略目标）的实现提供合理保证的过程。内部控制包括内部环境、风险评估、控制活动、信息与沟通和内部监督五个因素。

在风险评估程序中，注册会计师应当运用职业判断，确定识别的风险哪些是需要特别考虑的重大风险（简称特别风险）。特别风险通常与重大的非常规交易和判断事项有关，可能导致更高的重大错报风险。

如果审计人员认为仅通过实质性程序获取的审计证据无法将认定层次重大错报风险降至可接受的低水平，则应当评价被审计单位针对这些风险设计的内部控制，并确定其执行情况。

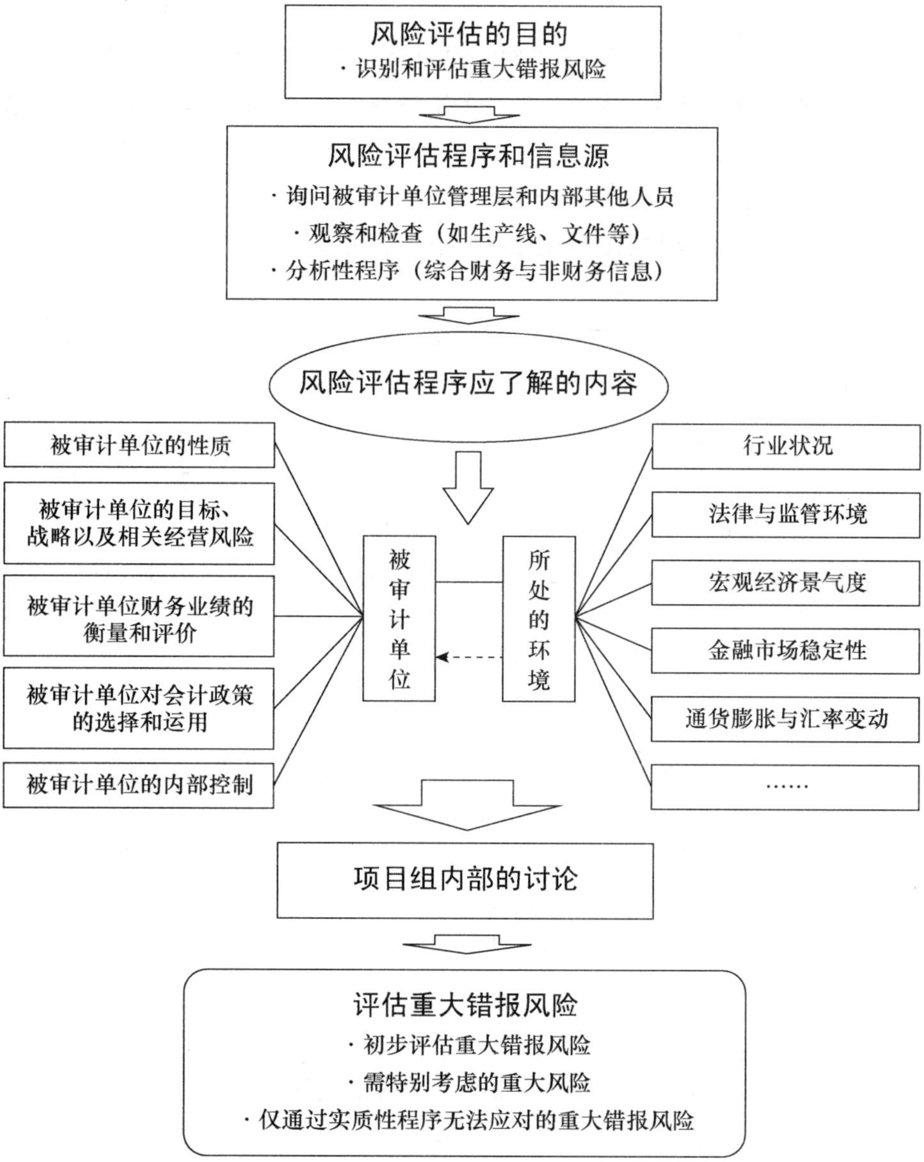

本章内容框架图

本章习题

一、单项选择题

1. 审计工作的起点是（　　）。

A. 制定审计计划　　B. 实施审计程序

C. 收集审计证据　　D. 进行风险评估

2. 下列各项中属于对控制的监督的是（　　）。

A. 授权与批准　　B. 职权与责任的分配

C. 业绩评价　　D. 内审部门定期评估控制的有效性

3. 下列有关经营风险对重大错报风险的影响的说法中，错误的是（　　）。

A. 多数经营风险最终都会产生财务后果，从而可能导致重大错报风险

B. 注册会计师在评估重大错报风险时，没有责任识别或评估对财务报表没有重大影响的经营风险

C. 经营风险通常不会对财务报表层次重大错报风险产生直接影响

D. 经营风险可能对认定层次重大错报风险产生直接影响

4. 审计计划阶段实施分析性程序了解被审计单位情况时，如分析结果显示财务报表不存在重大错漏报风险，审计人员应当（　　）。

A. 终止接受业务委托

B. 将分析结果和其他信息一并考虑，以有针对性地实施相关审计程序

C. 在审计报告意见类型中反映分析结果

D. 不实施内部控制测试而直接实施报表余额的实质性程序

5. 下列各项中，注册会计师在确定某项重大错报风险是否为特别风险时，通常无须考虑的是（　　）。

A. 风险是否涉及重大的关联方交易　B. 交易的复杂程度

C. 被审计单位财务人员的胜任能力　D. 财务信息计量的主观程度

6. 分析性程序的主要作用是（　　）。

A. 测试报表余额的正确性　　B. 测试内部控制的有效性

C. 为发表审计意见提供基本证据　　D. 指出重大错报风险所在

7. 注册会计师了解被审计单位及其环境的目的是（　　）。

A. 为了进行风险评估程序

B. 控制检查风险

C. 为了识别和评估财务报表重大错报风险

D. 收集充分、适当的审计证据

8. 下列不属于必须执行的审计程序是（　　）。

A. 了解被审计单位及其环境　　B. 控制测试

C. 实质性程序　　D. 重大错漏报风险评估

9. 重大错报风险初步评估在（　　）进行。

A. 审计计划阶段　　B. 审计执行阶段

C. 审计报告阶段　　D. 审计的全过程

10. 下列有关识别、评估和应对重大错报风险的说法中，错误的是（　　）。

A. 重大错报风险的评估是一种判断工作，审计人员应当运用职业判断，确定识别的风险中哪些是需要特别考虑的重大风险

B. 注册会计师应当将识别的重大错报风险与特定的某类交易、账户余额和披露的认定相联系

C. 在识别和评估重大错报风险时，注册会计师应当考虑发生错报的可能性以及潜在错报的重大程度

D. 对于某些重大错报风险，注册会计师可能认为仅通过实质性程序无法获取充分、适当的审计证据

11. 关于实施风险评估程序，下列说法不恰当的是（　　）。

A. 无论评估的重大错报风险结果如何，均应当针对所有重大的各类交易、账户余额和披露实施实质性程序

B. 评价对被审计单位及其环境了解的程度是否恰当，关键是看注册会计师是否能识别和评论重大错报

C. 在某些情况下，不实施风险评估程序也能评估重大错报风险

D. 了解被审计单位及其环境贯穿整个审计过程的始终

12. 关于审计项目组内部讨论，下列说法错误的是（　　）。

A. 项目组在讨论时应当强调在整个审计过程中保持职业怀疑态度，警惕可能发生重大错报的迹象，并对这些迹象进行严格追踪

B. 项目组的全体成员必须参加项目组的讨论

C. 项目组就由于舞弊导致财务报表重大错报的可能性进行讨论所得出的重要结论，应当形成审计工作底稿

D. 项目组应当讨论被审计单位面临的经营风险、财务报表容易发生错报的领域以及发生错报的方式，特别是由于舞弊导致重大错报的可能性

13. 在财务报表审计中，注册会计师了解内部控制时最应当关注的是（　　）。

A. 内部控制是否没有因串通而失效

B. 内部控制是否明确区分控制要素

C. 内部控制是否按照管理层的意图，实现了经营效率

D. 内部控制是否能够防止或发现并纠正错误或舞弊导致的重大错报

14. 下列关于特别风险的说法中，错误的是（　　）。

A. 特别风险通常与重大的非常规交易和判断事项有关

B. 确定哪些风险是特别风险时，审计人员应当在考虑识别出的控制对相关风险的抵消效果前，根据风险的性质、潜在错报的重要程度和发生的可能性，判断剩余风险是否仍然属于特别风险

C. 如果针对特别风险实施的程序仅为实质性程序，这些程序不应包括细节测试

D. 管理层未能实施内部控制以恰当应对特别风险，注册会计师应当认为内部控制存在重大缺陷

15. 关于了解被审计单位及其环境的内容，下列事项中不恰当的是（　　）。

A. 了解被审计单位对会计政策的选择和运用

B. 了解被审计单位所在行业状况、法律与监管环境以及其他外部因素

C. 了解被审计单位的性质

D. 了解被审计单位的目标、战略以及所有的经营风险

二、多项选择题

1. 了解被审计单位的内部控制，应当（　　）。

A. 同时设计程序测试内部控制的有效性

B. 了解内部控制的设计

C. 确定内部控制是否得到执行

D. 最终评价内部控制的有效性

2. 了解被审计单位及其环境的程序有（　　）。

A. 询问被审计单位的管理层及其他相关人员

B. 监督盘点有关资产

C. 执行分析性程序

D. 观察和检查

3. 注册会计师执行询问程序的对象可以是（　　）。

A. 被审计单位管理当局　　B. 内部审计人员

C. 财务报告负责人　　D. 被审计单位法律顾问

4. 下列有关注册会计师了解内部控制的说法中，正确的是（　　）。

A. 注册会计师在了解被审计单位内部控制时，应当确定其是否得到一贯执行

B. 注册会计师不需要了解被审计单位所有的内部控制

C. 注册会计师对内部控制的了解通常不足以测试控制运行的有效性

D. 注册会计师询问被审计单位人员不足以评价内部控制设计的有效性

5. 下列事项或情况表明被审计单位可能存在重大错报风险的有（　　）。

A. 行业环境发生变化　　B. 内部控制薄弱

C. 复杂的联营或合资　　D. 会计计量过程复杂

6. 注册会计师应注意的可能导致被审计单位经营风险的情况包括（ ）。

A. 不具备应对行业变化的人力资源 B. 开发新产品或提供新服务

C. 无法满足必要资金的融资条件 D. 会计计量过程复杂

7. 了解被审计单位及其环境是报表审计的必要工作，注册会计师应该了解的此类内容有（ ）。

A. 将要出具的审计报告类型

B. 被审计单位的性质

C. 行业状况、法律与监督环境

D. 被审计单位财务报表的合法性公允性

8. 注册会计师应从（ ）方面了解被审计单位的内部控制。

A. 控制环境

B. 与财务报告相关的信息系统和沟通

C. 控制活动

D. 风险评估程序

9. 下列关于风险评估程序的说法中，恰当的有（ ）。

A. 风险评估程序的目的是为了识别和评估财务报表重大错报

B. 风险评估程序是必要程序

C. 风险评估程序在计划审计工作阶段实施

D. 风险评估程序贯穿整个审计过程的始终

10. 下列各项中，通常可能导致财务报表层次重大错报风险的有（ ）。

A. 被审计单位新聘任的财务总监缺乏必要的胜任能力

B. 被审计单位的长期资产减值准备存在高度的估计不确定性

C. 被审计单位管理层缺乏诚信

D. 被审计单位的某项销售交易涉及复杂的安排

11. 初步评估重大错报风险时可能导致解除业务约定的情况有（ ）。

A. 被审计单位会计记录的可靠性存在重大问题

B. 审计人员对管理层的诚实和正直存在严重疑虑

C. 由于客观原因，无法了解到小部分内部控制程序

D. 评估结果认为内部控制并未得到有效的执行

12. 在确定特别风险的时候，审计人员应该考虑的事项有（ ）。

A. 风险是否属于舞弊风险

B. 风险是否与近期经济环境、会计核算和其他重大变化有关

C. 交易的复杂程度

D. 风险是否涉及重大关联方交易

13. 特别风险通常与重大非常规交易和判断事项有关，这类交易和事项的

特征包括（　　）。

A. 管理层过多地介入会计处理

B. 数据收集和处理涉及过多的人工成分

C. 复杂的计算或会计核算方法

D. 非常规交易的性质可能使被审计单位难以对由此产生的特别风险实施有效控制

14. 关于注册会计师了解被审计单位及其环境的目的，以下说法恰当的有（　　）。

A. 识别和评估认定层次重大错报风险

B. 识别和评估财务报表层次重大错报风险

C. 评估审计风险

D. 评估舞弊风险

15. 注册会计师应当要求参与审计项目组内部讨论的人员包括（　　）。

A. 审计项目负责人

B. 聘请的特定领域专家

C. 关键审计人员

D. 项目质量控制复核人员

16. 下列各项中注册会计师应当评估为存在特别风险的有（　　）。

A. 舞弊导致的重大错报风险

B. 管理层凌驾于控制之上的风险

C. 超出正常经营过程的重大关联方交易

D. 具有高度估计不确定性的重大会计估计事项

17. 了解被审计单位及其环境为注册会计师在（　　）关键环节作出职业判断提供重要基础。

A. 确定重要性水平

B. 设计和实施进一步审计程序，以将审计风险降至可接受的低水平

C. 评价所获取审计证据的充分性和适当性

D. 考虑会计政策的选择和运用是否恰当，以及财务报表的列报与披露是否适当

18. 针对了解被审计单位及其环境的目的，以下说法中正确的有（　　）。

A. 识别和评估财务报表重大错报风险

B. 评估特别风险

C. 评估审计风险

D. 评估舞弊风险

19. 下列事项和情况中，可能表明被审计单位存在重大错报风险的有（　　）。

A. 开发新产品或提供新服务，或进入新的业务领域

B. 在经济不稳定的国家或地区开展业务

C. 内部控制薄弱

D. 发生重大的非常规交易

20. 下列工作中注册会计师在识别和评估重大错报风险时应该做好的有（　　）。

A. 在了解被审计单位及其环境的整个过程中识别风险，并考虑各类交易、账户余额、列报与披露

B. 考虑识别的风险是否重大

C. 将识别的风险与认定层次可能发生错报的领域相联系

D. 考虑识别的风险导致财务报表发生重大错报的可能性

三、判断题

1. 审计的实施阶段要进行风险评估，而审计计划阶段无须进行。（　　）

2. 在了解被审计单位及其环境的过程中，审计人员应当组织项目组成员对财务报表存在重大错报的可能性进行讨论，并运用职业判断确定讨论的目标、内容、人员、时间和方式。（　　）

3. 设计良好的内部控制程序如果没有得到有效执行就发挥不了作用。（　　）

4. 项目组内部讨论在所有业务阶段都是必要的，可以保证所有事项得到充分恰当的考虑。（　　）

5. 重大错报风险独立于财务报表审计而存在。（　　）

6. 审计人员不能简单地直接将重大错报风险定为最高水平，因为不弄清认定层次的重大错报风险，实施实质性程序是很难查出财务报表的重大错报的。（　　）

7. 在初步评估控制预期是有效时，必须执行控制测试。（　　）

8. 当评估结果认为控制运行有效，则可以不进行重要账户余额的实质性程序。（　　）

9. 重大错报风险评估结果可以变化，但审计计划不能变化。（　　）

10. 内部环境能够有效防止或发现并纠正各类交易、账户余额和披露认定层次的重大错报。（　　）

四、业务题

Y 注册会计师负责对 X 公司 2019 年度财务报表进行审计。相关资料如下：

资料一：X 公司主要从事 A 产品的生产和销售，无明显产销淡旺季。产品销售采用赊销方式，正常信用期为 20 天。

在 A 产品生产成本中，a 原材料成本占重大比重。a 原材料在 2019 年的年初、年末库存均为零。A 产品的发出计价采用移动加权平均法。

资料二：2019 年度，X 公司所处行业的统计资料显示，生产 A 产品所需 a

原材料主要依赖进口，汇率因素导致a原材料采购成本大幅上涨；替代产品面市使A产品的市场需求减少，市场竞争激烈，导致销售价格明显下跌。

资料三：X公司2019年度未经审计财务报表及相关账户记录如下：

（1）A产品2018年度和2019年度的销售记录。

产品名称	2019年度（未审数）			2018年度（已审数）		
	数量（吨）	营业收入（万元）	营业成本（万元）	数量（吨）	营业收入（万元）	营业成本（万元）
A产品	900	50 000	40 000	800	40 000	34 000

（2）A产品2019年度收发存记录。

日期及摘要	入库			出库			库存		
	数量（吨）	单价（万元）	金额（万元）	数量（吨）	单价（万元）	金额（万元）	数量（吨）	单价（万元）	金额（万元）
年初余额							0	0	0
1月3日入库	80	60	4 800				80	60	4 800
1月4日出库				70	60	4 200	10	60	600
2月9日入库	80	55	4 400				90	55.56	5 000
略									
11月30日出库				75	52	3 900	75	52	3 900
12月2日入库	75	48	3 600				150	50	7 500
12月9日出库				150	50	7 500	0	0	0
年末余额							0	0	0

（3）与销售A产品相关的应收账款变动记录。

日期及摘要	借方（万元）	贷方（万元）	余额（万元）
2019年年初余额			3 000
2019年1月2日收款		2 700	300
2019年1月4日赊销	5 000		5 300
略			
2019年11月30日收款		2 500	600
2019年12月9日赊销	9 000		9 600
2019年年末余额			9 600

日期及摘要	借方（万元）	贷方（万元）	余额（万元）
2020年年初余额			9 600
2020年1月25日赊销	3 000		12 600
2020年1月31日余额			12 600

要求：

（1）根据上述资料，假定不考虑其他条件，运用分析性程序识别 X 公司 2019 年度财务报表是否存在重大错报风险，并列示分析过程和分析结果。

（2）在要求（1）的基础上，如果 X 公司 2019 年度财务报表存在重大错报风险，指出重大错报风险主要与哪些财务报表项目的哪些认定相关。

（3）假定 X 公司存在财务报表层次重大错报风险，作为审计项目组负责人，Y 注册会计师应当考虑采取哪些总体应对措施。

（4）假定评估的 X 公司财务报表层次重大错报风险属于高风险水平，指出 Y 注册会计师拟实施进一步审计程序的总体方案通常更倾向于何种方案。

（5）针对评估的财务报表层次重大错报风险，在选择进一步审计程序时，Y 注册会计师可以通过哪些方式提高审计程序的不可预见性。

（6）假定 X 公司 2019 年度财务报表存在舞弊导致的认定层次重大错报风险，Y 注册会计师应当考虑采用哪些方式予以应对。

第九章

风险应对

学习指导

一、学习要求

1. 掌握针对财务报表层次重大错报风险的总体应对措施，并理解总体应对措施对进一步审计程序的总体方案的影响；

2. 掌握针对认定层次重大错报风险拟采取的进一步审计程序，并理解为何实质性程序是必需程序而控制测试是非必需程序，以及控制测试与实质性程序之间的关系；

3. 了解进一步审计程序性质、时间及范围的含义，并理解控制测试和实质性程序在性质、时间、范围上的要求差异以及存在这种差异的原因；

4. 理解可接受的审计风险、评估的重大错报风险对所执行的进一步审计程序的性质、时间及范围的影响，以及进一步审计程序的性质、时间及范围如何影响审计风险。

二、内容框架

审计师对风险评估阶段识别的重大错报风险进行应对，即围绕重大错报风险设计和实施审计程序，充分体现了现代风险导向审计的思想。审计师针对评估的财务报表层次重大错报风险应确定下列总体应对措施：（1）向项目组强调保持职业怀疑态度的必要性；（2）指派更有经验或具有特殊技能的审计人员，或利用专家的工作；（3）提供更多的督导；（4）在选择进一步审计程序时融入更多的不可预见的因素；（5）对拟实施审计程序的性质、时间和范围作出总体修改。

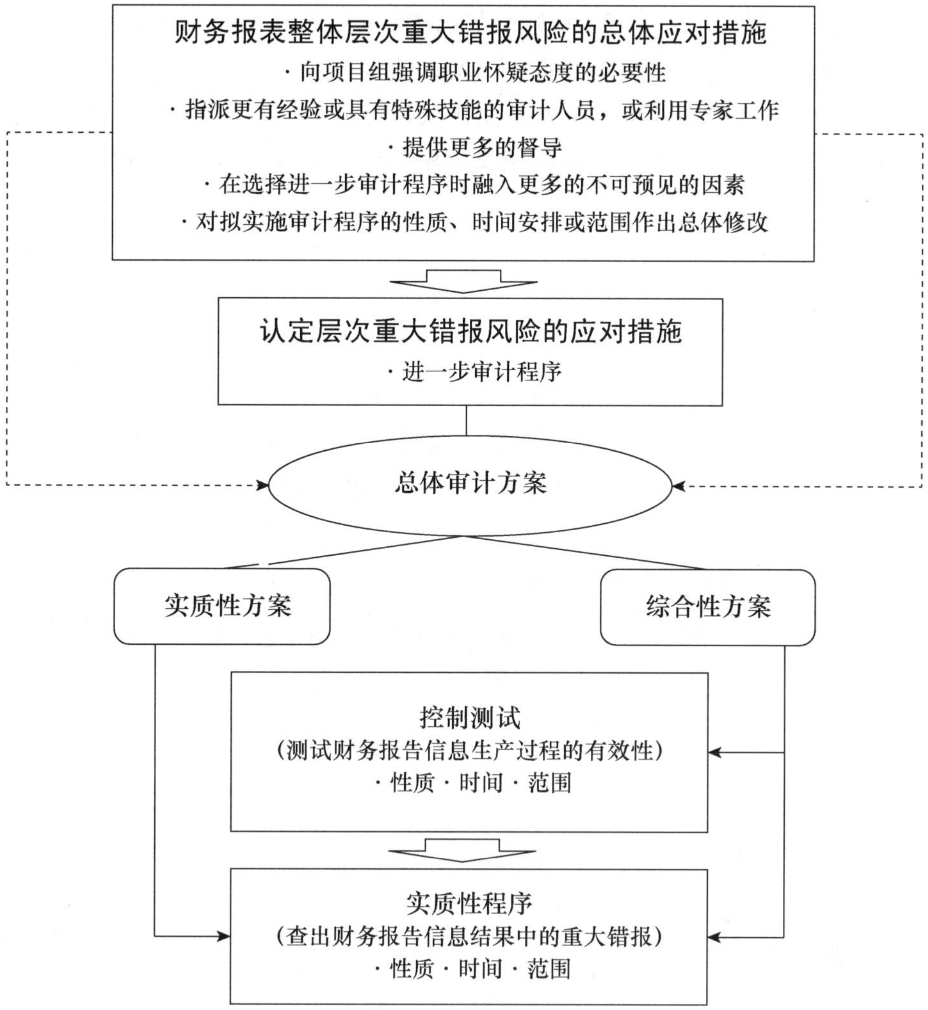

本章内容框架图

注册会计师可以通过以下方式提高审计程序的不可预见性：（1）对某些未测试过的低于设定的重要性水平或风险较小的账户余额和认定，实施实质性程序；（2）调整实施审计程序的时间，使被审计单位不可作出预期；（3）采取不同的审计抽样方法，使当期抽取的测试样本与以前有所不同；（4）选取不同的地点实施审计程序，或预先不告知被审计单位所选定的测试地点。

注册会计师应针对认定层次重大错报风险设计和实施进一步审计程序，包括进一步审计程序的性质、时间和范围。进一步审计程序包括控制测试和实质性程序，实施类型包括检查、观察、询问、函证、重新计算、重新执行和分析程序。实施时间可能是期中、期末或期末以后。

当存在以下这两种情况时，审计人员应当实施控制测试：（1）在评估认定层次重大错报风险时，预期控制的运行是有效的；（2）仅实施实质性程序不足以提供认定层次充分、适当的审计证据。控制测试包括询问、观察、检查、重新执行和穿行测试。控制测试的时间有两层含义：一是何时实施控制测试；二是测试所针对的控制适用的时点或期间。

实质性程序是指用于发现认定层次重大错报的审计程序。实质性程序包括细节测试和实质性分析程序两类，细节测试适用于对各类交易、账户余额、列报认定的测试。

本章习题

一、单项选择题

1. 控制测试的关注点不包括（　　）。

A. 该项内部控制是否有切实应用

B. 该项内部控制是否在审计期间得到一贯运行

C. 该项内部控制由谁来应用

D. 该项内部控制是怎样设计的

2. 下列各项措施中，不能应对财务报表层次重大错报风险的是（　　）。

A. 在期中而非期末实施更多的审计程序

B. 扩大控制测试的范围

C. 增加拟纳入审计范围的经营地点的数量

D. 增加审计程序的不可预见性

3. 控制测试是否执行取决于（　　）。

A. 审计人员对内部控制有效性的观点和控制测试的成本效益权衡

B. 效益最大化，成本最小化

C. 内部控制设计和执行的有效程度

D. 审计人员的专业判断

4. 控制测试的主要目的是（　　）。

A. 测试内部控制的有效性　　B. 确定实质性程序的范围

C. 测试内部控制设计的合理性　　D. 降低控制风险

5. 下列做法中不能提高审计程序的不可预见性的是（　　）。

A. 针对销售收入和销售退回延长截止测试期间

B. 调整实施审计程序的时间，使被审计单位不可作出预期

C. 对以前通常不测试的金额较小的项目实施实质性程序

D. 对被审计单位银行存款年末余额实施函证

6. 下列有关注册会计师实施进一步审计程序时间的说法中，错误的是（　　）。

A. 注册会计师在确定何时实施进一步审计程序时需要考虑能够获取相关信息的时间

B. 如果评估的重大错报风险为低水平，注册会计师可以选择资产负债表日前适当日期为截止日实施函证

C. 对于被审计单位发生的重大交易，注册会计师应当在期末或期末以后实施实质性程序

D. 如果被审计单位的控制环境良好，注册会计师可以更多地在期中实施进一步审计程序

7. 下列有关控制测试程序的说法中，不正确的是（ ）。

A. 检查程序适用于所有控制测试

B. 注册会计师应当将询问程序与其他审计程序结合使用

C. 重新执行程序不适用于所有控制测试

D. 通常只有当询问、观察和检查程序结合在一起仍无法获得充分的证据时，注册会计师才考虑实施重新执行程序

8. 控制测试程序中，通常能获取最可靠审计证据的是（ ）。

A. 询问　　B. 检查控制执行留下的书面证据

C. 观察　　D. 重新执行

9. 在利用以前年度获取的审计证据时，下列说法错误的是（ ）。

A. 对于不属于旨在减轻特别风险的控制，如果在本年未发生变化，且上年经测试运行有效，则本次审计中无须测试

B. 对于旨在减轻特别风险的控制，如果在本年未发生变化，可以依赖上年的测试结果

C. 如果相关事项未发生重大变化，则上年通过实质性程序获取的审计证据可能可以作为本年的有效审计证据

D. 一般而言，上年通过实质性程序获取的审计证据对本年只有很弱的证据效力或没有证据效力

10. 注册会计师在确定控制测试的时间时，下列说法不恰当的是（ ）。

A. 注册会计师观察某一时点的控制，则可获取该控制在被审计期间有效运行的审计证据

B. 注册会计师如果将询问与检查或重新执行结合使用，通常能够获得控制有效性的审计证据

C. 对于旨在减轻特别风险的控制，即使在本期未发生变化，注册会计师也不应依赖以前审计获取的证据

D. 注册会计师即使已获取控制在期中运行有效性的审计证据，仍需将控制运行有效性的审计证据合理延伸至期末

11. 只有认为控制设计合理、能够防止或发现和纠正认定层次的重大错报以及仅仅实施实质性程序不足以提供认定层次充分、适当的审计证据时，注册

会计师才有必要进行（　　）。

A. 细节测试　　B. 分析程序

C. 控制测试　　D. 了解内部控制

12. 针对注册会计师确定进一步审计程序的范围时应考虑的因素，下列说法中正确的是（　　）。

A. 计划从控制测试中获取的保证程度越高，则拟实施的控制测试的范围越大

B. 计划获取的保证程度越高，则拟实施进一步审计程序的范围越小

C. 如果注册会计师确定的重要性水平越高，则拟实施的进一步审计程序的范围越大

D. 如果评估的重大错报风险越高，则拟实施进一步审计程序的范围可以适当缩小

13. 下列有关实质性程序的说法中，正确的是（　　）。

A. 注册会计师应当针对所有类别的交易、账户余额和披露实施实质性程序

B. 注册会计师针对认定层次的特别风险实施的实质性程序应当包括实质性分析程序

C. 如果在期中实施了实质性程序，注册会计师应当对剩余期间实施控制测试和实质性程序

D. 注册会计师实施的实质性程序应当包括将财务报表与其所依据的会计记录进行核对或调节

14. 下列有关针对重大账户余额实施审计程序的说法中，正确的是（　　）。

A. 注册会计师应当实施实质性程序

B. 注册会计师应当实施细节测试

C. 注册会计师应当实施控制测试

D. 注册会计师应当实施控制测试和实质性程序

15. 下列有关实质性程序的时间安排的说法中，正确的是（　　）。

A. 实质性程序应当在控制测试完成后实施

B. 应对舞弊风险的实质性程序应当在资产负债表日后实施

C. 针对账户余额的实质性程序应当在接近资产负债表日实施

D. 实质性程序的时间安排受被审计单位控制环境的影响

二、多项选择题

1. 下列有关采用总体审计方案的说法中，正确的有（　　）。

A. 注册会计师可以针对不同认定采用不同的审计方案

B. 注册会计师可以采用综合性方案或实质性方案应对重大错报

C. 注册会计师应当采用实质性方案应对特别风险

D. 当评估的被审计单位财务报表层次重大错报风险较大时，总体审计方案应更倾向于采用综合性方案

2. 下列审计程序适用于控制测试的有（　　）。

A. 询问　　B. 重新执行　　C. 穿行测试　　D. 分析程序

3. 无论重大错报风险评估结果如何都要对重要账户实施实质性程序的原因是（　　）。

A. 重要账户不存在控制程序

B. 注册会计师审计不应考虑成本原则

C. 对重大错报风险的评估是一种判断

D. 内部控制存在局限

4. 在确定进一步审计程序的性质时，注册会计师应当考虑的主要因素有（　　）。

A. 不同的审计程序应对特定认定错报风险的效力

B. 认定层次重大错报风险的评估结果

C. 各类交易、账户余额、列报的特征

D. 认定层次重大错报风险产生的原因

5. 下列情形中，注册会计师应当实施控制测试，再次评估认定层次重大错报风险的有（　　）。

A. 在评估认定层次重大错报风险时，预期控制运行是无效的

B. 在评估认定层次重大错报风险时，预期控制运行是有效的

C. 仅实施实质性程序不足以提供认定层次充分、适当的审计证据

D. 仅实施实质性程序足以提供认定层次充分、适当的审计证据

6. 下列说法正确的有（　　）。

A. 如果重大错报风险水平评估偏低，则导致审计工作的“无效果”

B. 如果重大错报风险水平评估偏低，则导致审计工作的“无效率”

C. 如果重大错报风险水平评估偏高，则导致审计工作的“无效果”

D. 如果重大错报风险水平评估偏高，则导致审计工作的“无效率”

7. 如果控制环境存在缺陷，注册会计师在对拟实施审计程序的性质、时间和范围作出总体修改时应当考虑（　　）。

A. 主要依赖实质性程序获取审计证据

B. 扩大审计程序的范围

C. 增加拟纳入审计范围的经营地点的数量

D. 在期中实施更多的审计程序

8. 在确定进一步审计程序的时间时，注册会计师应当考虑的主要因素有（　　）。

A. 控制环境　　B. 审计意见的类型

C. 错报风险的性质　　D. 审计证据适用的期间或时点

9. 在确定进一步审计程序的范围时，注册会计师应当考虑的主要因素有（　　）。

A. 审计程序与特定风险的相关性

B. 评估的认定层次重大错报风险

C. 计划获取的保证程度

D. 确定的重要性水平

10. 决定了注册会计师必须在期末（或接近期末）实施实质性程序的特殊性质有（　　）。

A. 未决诉讼

B. 收入截止认定

C. 控制环境和其他相关的控制较好

D. 系统变动导致某类交易记录难以获取

11. 注册会计师应当针对评估的认定层次重大错报风险设计和实施进一步审计程序，进一步审计程序是注册会计师针对评估的各类交易、账户余额、列报认定层次重大错报风险实施的审计程序，具体包括（　　）。

A. 细节测试　　B. 控制测试

C. 风险评估程序　　D. 实质性分析程序

12. 下列有关实质性程序的表述正确的有（　　）。

A. 当使用分析性程序比细节测试能更有效地将认定层次的检查风险降低至可接受的水平时，分析性程序可以用作实质性程序

B. 仅实施实质性程序不足以提供认定层次充分、适当的审计证据时，注册会计师应当实施控制测试，以获取内部控制运行有效性的审计证据

C. 注册会计师认为控制测试很可能不符合成本效益原则，仅实施实质性程序就是适当的

D. 如果风险评估程序未能识别出与认定相关的任何控制，注册会计师可能认为仅实施实质性程序就是适当的

13. 在对资产存在认定获取审计证据时，不正确的测试方向有（　　）。

A. 从财务报表到尚未记录的项目　　B. 从尚未记录的项目到财务报表

C. 从会计记录到支持性证据　　D. 从支持性证据到会计记录

14. 在执行针对剩余期间还需获取的补充审计证据时，注册会计师应当考虑（　　）。

A. 评估的认定层次重大错报风险的重大程度

B. 剩余期间的长度

C. 控制风险

D. 控制环境

15. 如果注册会计师已获取有关控制在期中运行有效的审计证据，下列有关剩余期间补充证据的说法中，正确的是（ ）。

A. 注册会计师可以通过测试被审计单位对控制的监督，将控制在期中运行有效的审计证据合理延伸至期末

B. 被审计单位的控制环境越有效，注册会计师需要获取的剩余期间的补充证据越少

C. 如果控制在剩余期间发生了变化，注册会计师可以通过实施穿行测试，将期中获取的审计证据合理延伸至期末

D. 注册会计师在信赖控制的基础上拟减少的实质性程序的范围越大，注册会计师需要获取的剩余期间的补充证据越多

三、判断题

1. 控制和认定的关系越密切，控制对防止或发现并纠正认定错报的效果越好。（ ）

2. 如果认为仅通过实质性程序不能获取充分、适当的审计证据，那么审计人员应考虑所依赖的相关控制的有效性。（ ）

3. 一般来说，应该对重要的账户和交易执行更多的实质性程序。（ ）

4. 在确定实质性程序的范围时，注册会计师应当考虑评估的认定层次重大错报风险和实施控制测试的结果。（ ）

5. 注册会计师可以在期中或期末实施控制测试或实质性程序。（ ）

6. 注册会计师应当针对评估的财务报表层次重大错报风险设计和实施进一步审计程序，以将审计风险降至可接受的低水平。（ ）

7. 注册会计师在风险评估时对控制运行有效性的拟信赖程度越高，需要实施控制测试的范围越大。（ ）

8. 控制测试采用的审计程序包括询问、观察、检查、重新执行和穿行测试。（ ）

9. 当评估的财务报表层次重大错报风险属于高风险水平时，拟实施进一步审计程序的总体方案往往更倾向于综合性方案。（ ）

10. 控制测试是评估重大错报风险的必要程序，它的目的是评价控制是否有效运行。（ ）

第十章

审计流程在业务循环审计中的应用

学习指导

一、学习要求

1. 了解业务循环审计的总体思路和具体流程，并掌握每一流程在实现审计目标过程中的作用和不同流程之间的逻辑关系；

2. 熟悉销售与收款循环的主要业务活动和与之相对应的责任岗位与责任人员、所产生的凭证（包括原始凭证、记账凭证）、账簿、报表科目以及其他相关记录，掌握销售业务和收款业务的关键控制点和具体审计目标，熟练掌握针对销售业务、收款业务应执行的控制测试和针对营业收入、应收账款应执行的实质性程序；

3. 熟悉采购与付款循环的主要业务活动和与之相对应的责任岗位与责任人员、所产生的凭证（包括原始凭证、记账凭证）、账簿、报表科目以及其他相关记录，掌握采购业务和付款业务的关键控制点和具体审计目标，熟练掌握针对采购业务、付款业务应执行的控制测试和针对固定资产应执行的实质性程序；

4. 熟悉生产与存货循环的主要业务活动和与之相对应的责任岗位和责任人员、所产生的凭证（包括原始凭证、记账凭证）、账簿、报表科目以及其他相关记录，掌握生产循环的关键控制点和具体审计目标，熟练掌握针对生产循环应执行的控制测试和针对存货应执行的实质性程序；

5. 熟悉货币资金所涉及的业务循环、业务活动和与之相对应的责任岗位与责任人员、所产生的凭证（包括原始凭证、记账凭证）、账簿、报表科目以及其他相关记录，掌握货币资金循环的关键控制点和具体审计目标，熟练掌握针对货币资金应执行的控制测试和实质性程序。

二、内容框架

企业的业务循环因行业、商业模式、管理方式等不同而各异。在审计过程中，审计师应该对被审计单位的业务循环进行全面深入了解，再将审计流程与业务循环紧密融合以应用。对于一般制造业企业，业务循环通常可以分为销售与收款循环、采购与付款循环、生产与存货循环以及货币资金循环四大循环，本章讨论了四大循环的审计目标、业务流程和关键控制点、控制测试和实质性程序。

销售与收款循环主要有两大业务：销售业务和收款业务。主要审计目标是确认各类交易、事项及相关披露有关的发生、完整性、准确性、截止、分类和列报认定；期末账户余额及相关披露有关的存在、权利与义务、完整性、准确性、计价与分摊、分类和列报认定。在销售与收款循环中，收入虚增的风险较高，因此，营业收入和应收账款为该循环审计的重要项目。相应的审计程序有销售截止测试，应收账款的函证，应收账款的账龄分析等。除非有充分的证据表明应收账款对被审计单位而言是不重要的，或者函证可能是无效的，否则审计人员必须对应收账款进行函证。函证中要注意函证方式选择和样本的选取、函证过程的执行与控制，关注函证结果的分析。

采购与付款循环主要有两大业务：采购业务和付款业务。主要审计目标是确认各类交易、事项及相关披露有关的发生、完整性、准确性、截止、分类和列报认定；期末账户余额及相关披露有关的存在、权利与义务、完整性、准确性、计价与分摊、分类和列报认定。在采购与付款循环中，资产的存在、权利与义务、准确性、计价与分摊认定等存在重大错报风险的概率较高。其中固定资产审计是采购与付款循环审计中的重要工作，固定资产的实质性程序主要有：获取或编制固定资产分类汇总表；运用分析性程序对固定资产和累计折旧进行测试；检查本期固定资产的增加数，实地查看重要的固定资产，验证其存在与所有权；检查本期固定资产的减少数，检查折旧的计提和分配；检查固定资产的租赁和借款合同；检查资本性支出和收益性支出的分类是否正确；检查固定资产减值准备的计提；检查固定资产在财务报表上的列报与披露。

生产与存货循环的审计目标主要包括存在、发生、权利与义务、完整性、准确性、计价与分摊、分类和列报认定等。在该循环中，利用存货进行舞弊较为常见，因此存货审计是生产与存货循环中的重要工作。存货审计中最重要的审计程序包括存货监盘、存货的截止测试、计价测试和存货跌价准备的测试等。审计人员在审计过程中应当充分关注与存货有关的重大错报风险。

存货监盘是指注册会计师亲临现场观察被审计单位存货的盘点，在此基础上，根据需要对已经盘点的存货进行适当抽查盘点。在存货监盘时，审计人员可以使用顺查、逆查、检查等方法，测试存货是否存在，所有的存货是否均已

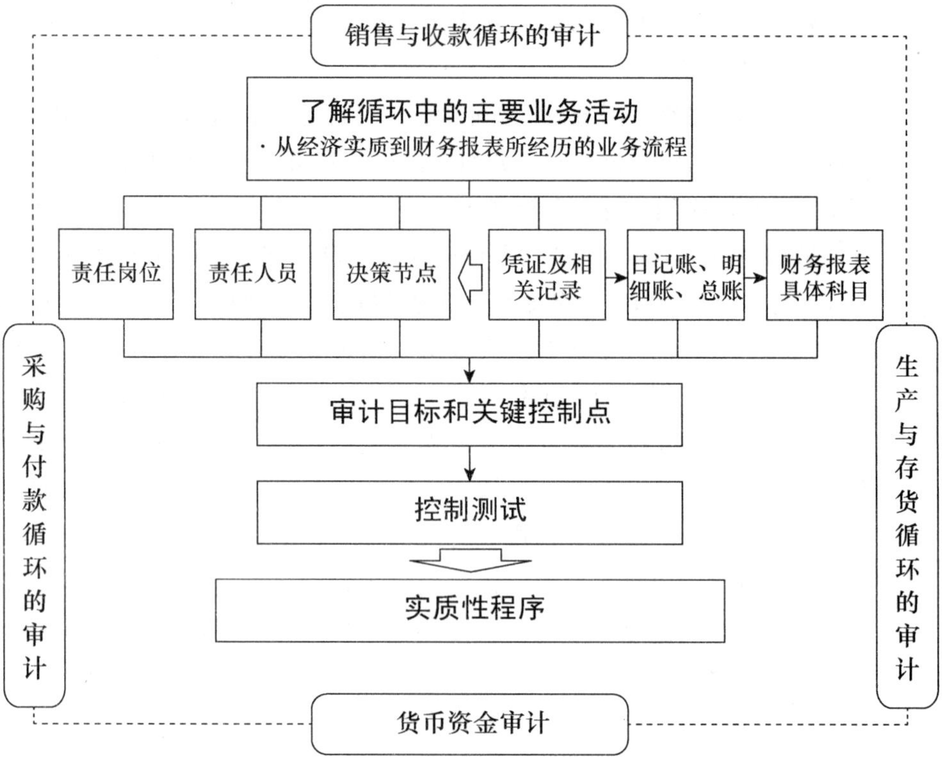

本章内容框架图

包括在内，主要针对存货的存在认定和完整性认定。在监盘过程中，审计人员注意观察和增加实施一些其他审计程序，还可以获得有关存货权利与义务以及准确性、计价与分摊认定的证据。

审计人员在评价被审计单位存货盘点计划的基础上，根据存货特点、盘点制度和存货的内部控制有效性情况等，制定周密细致的存货监盘计划。存货监盘计划的内容应该包括存货监盘的目标、存货监盘的时间安排、监盘的要点及注意事项、参加存货监盘的人员和分工、检查存货的范围、存货监盘的程序等。盘点时间尽量安排在接近年度报表日。必要时可以聘请专家协助工作。

存货截止测试包括存货的采购截止和销售截止的测试。存货采购截止的关键在于确定实物存货纳入盘点范围的时间和存货引起的借贷双方会计科目的入账时间都处于同一会计期间；但对年终存货的销售截止而言，无论被审计单位同时提前或推迟确认收入和相应的资产，都会虚增或虚减当期的收入和资产，因而必须确定所有的销售记入正确的会计期间。注意合同条款、收货日期或发货日期以及运输条款，这些是判断存货所有权转移的重要依据。

存货的计价测试包括期末存货价值的测试、采购和发出存货的成本计价、存货生产成本的测试等几个方面。我国《企业会计制度》规定，企业的存货在期末应当按成本与可变现净值孰低计量，对可变现净值低于存货成本的差额计提存货跌价准备。存货的计价由两大因素决定：质量和数量。期末存货数量的确定有两种制度：实地盘存制和永续盘存制。我国会计准则规定，发出存货的计价方法有加权平均法、移动加权平均法、个别计价法、先进先出法等。被审计单位应该根据自身特点，选择适合的存货计价方法，并应当保持前后各期的一致性。存货跌价准备的审计测试主要关注计提的恰当性，被审计单位是否以此来操纵利润。

本章习题

一、单项选择题

1. 下列各项中，预防员工贪污、挪用销售货款最有效的方法是（　　）。

A. 记录应收账款明细账的人员不得兼任出纳

B. 收取客户支票与收取现金由不同人员担任

C. 请客户将款项直接汇入公司指定的银行账号

D. 公司收到客户支票后立即寄送收据给客户

2. 可以检查已经发生的销售业务都已登记入账的控制测试程序是（　　）。

A. 追查资产负债表日前的发运凭证以及销售发票至主营业务收入账簿记录

B. 从主营业务收入账簿记录追查至原始凭证，看是否有发运凭证和销售发票

C. 检查销售单是否经过适当的赊销审批

D. 核对发运凭证上的发货数量与开具的销售发票上的发货数量是否一致

3. 防止未收到货物的情况下就支付款项给对方的控制程序是（　　）。

A. 只能由出纳来填写支票

B. 应付凭单的编制人员必须核对相关订购单、验收单和卖方发票后才能编制应付凭单

C. 卖方发票要自行编号

D. 批准采购的人员不能负责款项的支付

4. 采用肯定式函证比采用否定式函证所选取的样本量（　　）。

A. 多　　B. 少　　C. 一样　　D. 无法确定

5. 在确定函证对象时，下列项目中应当进行函证的是（　　）。

A. 函证很可能无效的应收款项

B. 交易频繁但期末余额较小的应收款项

C. 执行其他审计程序可以确认的应收款项

D. 应纳入审计范围内子公司的款项

6. 在确定函证时间时，下列方案中不应选取的是（　　）。

A. 因被审计单位固有风险和控制风险低，在预审时函证

B. 在年终对存货监盘的同时，对应收款项进行函证

C. 项目小组进驻审计现场后，立即进行函证

D. 为减少函证回函差异，在执行其他审计程序后函证

7. 在对K公司2019年度财务报表审计中，A注册会计师负责应收账款和坏账准备的审计，A注册会计师发现K公司应收账款的账龄分析中存在以下情况，其中正确的是（　　）。

A. 应收甲公司账款自2018年起发生，2019年借方发生额等于贷方发生额，贷方发生额含收回的2018年度发生的债权。K公司将应收甲公司账款账龄定为1～2年

B. 应收乙公司账款发生于2018年度，并于当年贴现，2019年度到期后乙公司未能如期偿还。K公司将该笔应收账款账龄定为1年以内

C. 应收丙公司账款系K公司2019年度从丁公司购买，丁公司对丙公司的该笔债权发生于2018年度。K公司将该笔应收账款账龄定为1～2年

D. 应收戊公司账款发生于2018年度，于2019年度根据债务转移协议转由戊公司承担。K公司将该笔应收账款账龄定为1年以内

8. 在对坏账损失进行审计时，A注册会计师发现被审计单位K公司存在以下处理情况，其中不正确的是（　　）。

A. 某债务人失踪，在取得相关法律文件予以证实后，确认为坏账损失

B. 某债务人被撤销，尽管尚未完成清算，但根据政府相关部门责令关闭的文件等有关资料，确认坏账损失

C. 对某债务人提起诉讼，虽然胜诉但因无法执行被裁定终止执行，确认坏账损失

D. 某债务人已经注销，在取得相关法律文件予以证实后，确认坏账损失

9. 下列关于货币资金的岗位分工及授权批准的说法中，正确的是（　　）。

A. 出纳员登记现金日记账

B. 出纳员登记应付账款明细账

C. 每月月末，出纳员编制银行存款余额调节表

D. 每月月末，出纳员将银行对账单与银行存款日记账核对

10. 检查是否向虚构的客户发货并作为销货业务入账，应执行的最有效的实质性程序是（　　）。

A. 复核主营业务收入总账、明细账中的大额或异常项目

B. 将发运凭证与存货永续记录中的发运分录核对

C. 追查主营业务收入明细账中的分录至销售发票和发运凭证

D. 追查发运凭证与相关的销售发票至主营业务收入明细账及应收账款明细账中的分录

11. 审计人员在审计 2019 年 12 月主营业务收入明细账的一笔大额销售业务时，发现销售合同规定客户在签署合同后仅支付 10%的货款，而被审计单位在 2020 年 1 月 10 日以前送货上门，客户在开机运行正常的情况下才支付其余款项。下列可以确认该笔收入的是（　　）。

A. 被审计单位于 2019 年以前签发的发货凭证

B. 被审计单位于 2019 年以前开具的销售发票

C. 客户于 2020 年 1 月 10 日寄出的汇款通知

D. 客户于 2020 年度以前签发的验收报告

12. 审计人员在决定函证数量时，下列情况下可以减少函证数量及范围的是（　　）。

A. 应收账款账户的重要性水平较高

B. 应收账款在全部资产中所占比重较大

C. 相关的内部控制是有效的

D. 相关的内部控制是无效的

13. 下列控制活动中，最能预防员工挪用现金收入的是（　　）。

A. 会计主管每日复核现金汇总表与现金日记账是否相符

B. 负责现金收支的岗位与应收账款记账岗位职责分离

C. 每一笔应收账款在作为坏账处理前均由董事会审批

D. 会计主管审查出纳员记录的每一笔现金收入

14. 被审计单位应当参加库存现金盘点的人员是（　　）。

A. 出纳员和应收账款记账员　　B. 出纳员和总会计师

C. 出纳员和会计主管　　D. 财务经理和会计主管

15. L 公司系 ABC 会计师事务所常年审计客户，2019 年度在经营形式、内部管理等方面与 2018 年度相比未发生重大变化，且未发生重大重组行为。A 注册会计师作为 2019 年度财务报表审计的外勤审计负责人，在复核采购与付款循环审计工作底稿时，注意到固定资产和累计折旧审计工作底稿中显示以下审计策略，其中正确的是（　　）。

A. 由于上年度相关内部控制难以信赖，本次审计不再实施控制测试程序

B. 由于上年度审计中已全面观察固定资产，本次审计仅观察新增固定资产

C. 由于上年度审计中已索取全部固定资产权属证明，本次审计仅索取新增固定资产权属证明

D. 由于上年度审计中已全面检查固定资产折旧年限，本次审计仅检查新增固定资产折旧年限

16. 在对 L 公司的固定资产和累计折旧进行审计时，注册会计师注意到：L 公司于 2019 年 12 月 31 日增加投资者投入的一条生产线，其折旧年限为 10 年，

残值为0，采用直线法计提折旧，该生产线账面原值为1 500万元，累计折旧为900万元，评估增值为200万元，协议价格与评估价值一致；2020年6月30日L公司投入1 000万元对该生产线进行更新改造，提高了使用性能，但并未延长其使用寿命；截至2020年12月31日，上述生产线账面原值和累计折旧分别为2 700万元和1 100万元。在对固定资产和累计折旧进行审计后，注册会计师应提出的审计调整建议是（　　）。

A. 固定资产原值调减200万元，累计折旧调减1 100万元

B. 固定资产原值调减200万元，累计折旧调减100万元

C. 固定资产原值调减1 000万元，累计折旧调减1 100万元

D. 固定资产原值调减1 000万元，累计折旧调减100万元

17. 下列有关存货审计的表述中，正确的是（　　）。

A. 对存货进行监盘是证实存货完整性和权利认定的重要程序

B. 对难以盘点的存货，应根据企业存货收发制度确认存货数量

C. 存货计价审计的样本应着重选择余额较小且价格变动不大的存货项目

D. 存货截止测试的主要方法是抽查存货盘点日前后的购货发票与验收报告（或入库单），确定每张发票均附有验收报告（或入库单）

18. 被审计单位实行实地盘存制，审计人员在审查存货监盘备忘及相关审计工作底稿时，注意到以下情况，其中做法正确的是（　　）。

A. 抽盘后将抽盘记录交予被审计单位，要求其据以修正盘点表

B. 监盘前将抽盘范围告知被审计单位，以便其做好相关准备

C. 索取全部盘点表并按编号顺序汇总后，进行账账、账实核对

D. 未能监盘期初存货，根据期末监盘结果倒推存货期初余额，并予以确认

19. M公司的会计政策规定，入库产成品按实际生产成本入账，发出产成品按先进先出法核算。2019年12月31日，M公司甲产品期末结存数量为1 200件，期末余额为5 210万元，M公司2019年度甲产品的相关明细资料如下（数量单位为件，金额、单价单位为万元，假定期初余额和所有的数量、入库单等均无误）：

日期	摘要	入库			出库			结存		
		数量	单价	金额	数量	单价	金额	数量	单价	金额
1月1日	期初余额							500		2 500
3月1日	入库	400	5.1	2 040				900		4 540
4月1日	销售				800	5.2	4 160	100		380
8月1日	入库	1 600	4.6	7 360				1 700		7 740
10月3日	销售				400	4.6	1 840	1 300		5 900

续表

日期	摘要	入库			出库			结存		
		数量	单价	金额	数量	单价	金额	数量	单价	金额
12月1日	入库	700	4.5	3 150				2 000		9 050
12月31日	销售				800	4.8	3 840	1 200		5 210
12月31日	期末余额							1 200		5 210

在进行相关测试后，注册会计师应提出的审计调整建议是（　　）。

A. 调增主营业务成本 190 万元　　B. 调减主营业务成本 190 万元

C. 调增主营业务成本 240 万元　　D. 调减主营业务成本 240 万元

20. 假定M公司2019年度生产销售乙、丙两种产品，年初、年末存货除产成品库存外，无其他存货，发出存货采用先进先出法核算。M公司存货跌价准备年初、年末账户余额均为1 300万元，2019年度未作存货跌价准备的转销和转回。乙、丙两种产品的详细资料如下：

（1）乙产品年初库存1 000件，单位成本为2万元，单位产品可变现净值为1.5万元；本年生产乙产品2 000件，单位成本为1.8万元，本年销售1 500件，乙产品年末单位可变现净值为1.7万元。

（2）丙产品年初库存800件，单位成本为5万元，单位产品可变现净值为4万元；本年生产丙产品2 000件，单位成本为4.5万元，本年销售300件，丙产品年末单位可变现净值为5.5万元。

在对存货跌价准备进行测试后，注册会计师应提出的审计调整建议是（　　）。

A. 存货跌价准备转销800万元，转回500万元

B. 存货跌价准备转销500万元，转回800万元

C. 存货跌价准备转销800万元，转回500万元，提取150万元

D. 存货跌价准备转销500万元，转回800万元，提取150万元

21. 假定接受委托前，被审计单位已经完成期末存货盘点，下列做法中不正确的是（　　）。

A. 在评估存货内部控制的有效性后，对存货进行适当抽查，并测试期末至抽查日发生的存货交易

B. 在评估存货内部控制的有效性后，提请被审计单位另择日期重新盘点，并测试期末至重新盘点日发生的存货交易

C. 由于存货内部控制存在重大缺陷，提请被审计单位另择日期重新盘点，并进行适当抽查

D. 由于存货内部控制存在重大缺陷，直接确认为审计范围受到限制

22. 被审计单位2019年12月31日的银行存款余额调节表包括一笔“企业已付、银行未付”调节项，其内容为以支票支付赊购材料款。下列审计程序中能为该调节项提供审计证据的是（　　）。

A. “银行已收，企业未收”项目包含一项2019年12月31日到账的应收账款，被审计单位尚未收到银行的收款通知

B. “企业已付，银行未付”项目包含一项被审计单位于2019年12月31日提交的转账支付申请，用于支付其2019年12月份的电费

C. “企业已收，银行未收”项目包含一项2019年12月30日收到的退货款，被审计单位已将供应商提供的支票提交银行

D. “银行已付，企业未付”项目包含一项2019年11月支付的销售返利，该笔付款已经总经理授权，但由于经办人员未提供相关单据，会计部门尚未入账

23. 注册会计师在存货监盘现场观察时应当（　　）。

A. 跟随存货盘点人员，观察盘点计划的执行情况

B. 确定应纳入盘点范围的存货是否已适当整理和排列

C. 查明存货应纳入而实际未纳入盘点范围的原因

D. 向所有权人函证被审计单位受托代存存货的所有权

24. 某注册会计师审计一畜牧业企业，对于存货中移动的牲畜，注册会计师应实施的最适当的审计程序是（　　）。

A. 采用精确的磅秤进行测量，留意测量过程中磅秤的移动情况

B. 使用浸泡、敲击、烘烤等方法辨别真伪、鉴定质量

C. 选择样品进行化验与分析，或利用专家的工作结果

D. 通过高空摄影进行测量，运用几何计算进行估计

25. 可能发现闲置固定资产或已减少固定资产未在账上注销的分析性程序是（　　）。

A. 计算固定资产原值与本期产品产量的比率，并与以前期间比较

B. 实地盘点固定资产，并关注其所有权

C. 计算本期计提累计折旧额与固定资产总成本的比率，并与以前期间比较

D. 比较本期各月之间、本期与以前各期之间的修理和维护费用

26. 下列审计程序中，通常不能为定期存款的存在认定提供可靠的审计证据的是（　　）。

A. 函证定期存款的相关信息

B. 对于未质押的定期存款，检查开户证实书原件

C. 对于已质押的定期存款，检查定期存单复印件

D. 对于在资产负债表日后已到期的定期存款，核对兑付凭证

27. 关于库存现金和银行存款的管理，下列情形中正确的是（　　）。

A. 出纳员每月应当针对每一银行账户分别编制银行存款余额调节表

B. 现金收入应及时存入银行，不得坐支

C. 企业应当严格遵守银行结算纪律，不准签发票据

D. 企业应当定期和不定期地进行现金盘点

28. 在对甲公司2018年度财务报表进行审计时，A注册会计师负责审计货币资金项目。2019年1月5日对甲公司全部现金进行监盘后，确认实有现金余额为1 000元。甲公司1月4日账面库存现金余额为2 000元，1月5日发生的现金收支全部未登记入账，其中收入金额为3 000元、支出金额为4 000元，2019年1月1日至1月4日现金收入总额为165 200元、现金支出总额为165 500元，则推断2018年12月31日库存现金余额应为（　　）元。

A. 1 300　　B. 2 300　　C. 600　　D. 2 700

29. 如果注册会计师要证实被审计单位在临近12月31日签发的支票是否已登记入账，最有效的审计证据是（　　）。

A. 函证当年12月31日的银行存款余额

B. 检查当年12月的支票存根和银行存款日记账

C. 检查当年12月31日的银行对账单

D. 检查当年12月31日的银行存款余额调节表

30. 由于天气原因导致注册会计师无法在存货盘点现场实施监盘，以下应对措施中正确的是（　　）。

A. 评价被审计单位有关存货盘点的内部控制，判断是否信赖被审计单位的存货盘点结果

B. 实施替代程序，如果替代程序无法获取有关存货存在和状况的充分、适当的审计证据，则考虑是否发表无保留意见

C. 另择日期进行监盘，并对间隔期内的交易实施审计程序

D. 在审计报告中说明审计范围因不可预见的情况受到限制

31. 下列有关存货监盘的说法中，错误的是（　　）。

A. 对所有权不属于被审计单位的存货，注册会计师在监盘过程中无须执行工作

B. 注册会计师需要在监盘时获取盘点日前最后的出入库单据编号，用于执行截止测试

C. 如果存货在盘点过程中未停止流动，注册会计师需要观察被审计单位有关存货移动的控制程序是否得到执行

D. 在监盘过程中，注册会计师需要将所有过时、毁损或陈旧存货的详细情况记录下来，为测试存货跌价准备提供证据

32. 注册会计师为了验证期末应付账款余额存在低估，以下审计证据中证明力最强的是（　　）。

A. 供应商提供的月末对账单

B. 被审计单位编制的连续编号的请购单

C. 被审计单位编制的连续编号的验收报告

D. 被审计单位编制的连续编号的采购订购单

33. 下列审计程序中与查找未入账应付账款无关的是（　　）。

A. 审核期后未付账单的主要凭证

B. 审核期后现金支出的主要凭证

C. 检查年末应付账款明细账记录

D. 追查年终前签发的验收单至相关的供应商发票

34. 下列审计程序中与应付账款完整性无关的是（　　）。

A. 向供应商函证零余额的应付账款

B. 检查采购文件以确定是否适用预先编号的请购单、验收单

C. 从应付账款明细账追查至采购合同、供应商发票和验收单等凭证

D. 抽取采购合同、供应商发票和验收单等凭证，追查至应付账款明细账

35. 下列与付款业务相关的内部控制中，可能存在缺陷的是（　　）。

A. 建立了退货管理制度，对退货条件、退货手续、货物出库、退货退款回收等作出明确规定

B. 定期与供应商核对应付账款、应付票据、预付账款等往来款项

C. 已到期的应付款项直接由主管会计办理结算与支付

D. 财会部门在办理付款业务时，对采购发票、结算凭证、验收证明等相关凭证的真实性、完整性、合法性及合规性进行了严格审核

二、多项选择题

1. 下列应该进行职责分离的有（　　）。

A. 促销人员和批准赊销　　　B. 销售人员和账款的收取

C. 签订销售合同和记账　　　D. 销售人员和发运货物

2. 在采购付款循环中，下列控制程序存在缺陷的有（　　）。

A. 由甲乙两个职员负责采购合同的谈判，甲负责签订合同

B. 验收人员根据经批准的请购单验收已经运来的货物

C. 请购单未进行连续编号

D. 验收单未进行连续编号

3. 属于采购与付款循环的单据的有（　　）。

A. 验收单　　　B. 销售发票

C. 请购单　　　D. 购销合同

4. 下列有关寄发银行询证函的说法中，正确的有（　　）。
A. 寄发给被审计单位开户银行的询证函采用的是积极的函证方式
B. 要求银行直接将回函寄至会计师事务所
C. 函证对象包括银行存款和借款等
D. 应向每一家开户银行寄发询证函
5. 对于确保资产安全、完整有效的控制程序有（　　）。
A. 定期检查购货发票、验收单以及购销合同等的真实性
B. 采购交易记录要完整，票据传递要及时，防止已到货物未及时入账
C. 采用存货永续盘存制度
D. 限定只有仓管人员才能接触存货
6. 对采购与付款循环的原始凭证应该核对的内容有（　　）。
A. 货物名称、规格和请购量　　B. 货物的合同价格和数量
C. 到货日期和记账日期　　D. 授权批准情况
7. 下列程序主要是证明已经入账的收入都是实际发生的销售业务的有（　　）。
A. 检查已经入账的收入相应的原始凭证的真实合法性
B. 抽取资产负债表日前的账簿记录追查至相关原始凭证，核对日期
C. 抽取资产负债表日后的账簿记录追查至相关原始凭证，核对日期
D. 抽取资产负债表日前的发运凭证追查至账簿记录，核对日期
8. 付款业务的控制测试程序有（　　）。
A. 检查原始凭证付款是否有核准人的签名
B. 原始凭证是否具有合法的发票和单据
C. 原始凭证的内容、金额与付款凭证摘要核对是否一致
D. 检查支票签发后是否马上寄出而没有提前签发
9. 一般来说，需要经过适当的授权批准的有（　　）。
A. 现销业务　　B. 请购单的编写
C. 人工工资表　　D. 生产通知
10. 在销售与收款循环中常见的舞弊手法有（　　）。
A. 虚构收入　　B. 推迟或提前确认收入
C. 变更收入确认方式　　D. 应收账款的入账金额不实
11. 当债务人符合下列情况时，采用肯定式函证较好的有（　　）。
A. 欠款余额小的债务人数量很多
B. 个别账户的欠款金额较大
C. 有理由相信欠款可能存在争议、差错
D. 相关内部控制是有效的
12. 当债务人符合下列条件时，可以采用否定式函证的有（　　）。

A. 欠款余额小的债务人数量很多

B. 个别账户的欠款金额较大

C. 有理由相信欠款可能存在争议、差错

D. 相关的内部控制是有效的

13. 注册会计师应选择作为函证对象的有（　　）。

A. 大额或账龄较长的项目　　B. 与债务人发生纠纷的项目

C. 关联方项目　　D. 余额为零的项目

14. 应收账款积极式函证没有收到回函的，注册会计师可以实施的替代审计程序有（　　）。

A. 检查相关的订购单　　B. 检查相关的销售合同

C. 检查相关的销售发票副本　　D. 检查相关的发运凭证

15. 属于应收账款实质性程序的有（　　）。

A. 获取或编制应收账款明细表

B. 分析应收账款账龄

C. 核对货运文件样本与相关的销售发票

D. 抽查有无不属于结算业务的债权

16. 下列有关函证银行存款目的的说法中，正确的有（　　）。

A. 证实银行存款的金额是否正确

B. 证实是否存在企业未入账的银行存款

C. 证实银行存款是否存在

D. 结合财务费用审计测算利息收入的合理性

17. 下列对预付账款审计的说法中，正确的有（　　）。

A. 应当进行函证，除非是不重要的或函证很可能是无效的

B. 审查其在财务报表中的归类决定是否建议做重分类调整

C. 可以对其计提坏账准备

D. 应该做账龄披露

18. 进行应收账款函证时，确定应收账款函证数量的大小、范围应考虑的主要因素有（　　）。

A. 应收账款在全部资产中的重要性

B. 被审计单位内部控制的强弱

C. 以前年度的函证结果

D. 函证方式的选择

19. 注册会计师对应收账款进行函证后，处理合理的有（　　）。

A. 应收账款的重大错报风险评估为低水平，注册会计师准备选择资产负债表日前适当日期为函证截止日实施函证

B. 注册会计师并未对所有的应收账款进行函证，只是抽取了其中的 60% 发函

C. 注册会计师王某对预计差错率较低且确信对方能认真对待询证函的采用了否定式函证

D. 只要取得所有函证的回函就表示获得了充分、适当的审计证据，可以确认应收账款

20. 针对现金付款的控制测试程序，下列说法中正确的是（　　）。

A. 询问相关业务部门的部门经理和财务经理其在日常现金付款业务中执行的内部控制，以确定其是否与被审计单位内部控制政策要求保持一致

B. 询问相关业务部门的部门经理和财务经理其在日常现金付款业务中执行的内部控制，以确定内部控制是否得到执行

C. 观察财务经理复核付款申请的过程，是否核对了付款申请的用途、金额及后附相关凭据，以及在核对无误后是否进行了签字确认

D. 重新核对经审批及复核的付款申请及相关凭据，并检查是否经签字确认

21. 当实质性程序实施离期末时间比较长时，审计人员应该考虑的因素包括（　　）。

A. 控制环境和其他相关控制

B. 在以后日期对审计而言所必需的信息的可获得性

C. 实质性程序的目标

D. 所评估的重大错报风险

22. 细节测试一般针对三个层次进行，这三个层次包括（　　）。

A. 交易层次　　B. 账户层次

C. 报表层次　　D. 列报与披露层次

23. 被审计单位 2019 年 12 月 31 日的银行存款余额调节表包括一笔“企业已付、银行未付”调节项，其内容为以支票支付赊购材料款。下列审计程序中能为该调节项提供审计证据的有（　　）。

A. 检查付款申请单是否经适当批准

B. 就 2019 年 12 月 31 日相关供应商的应付账款余额实施函证

C. 检查支票开具日期

D. 检查 2020 年 1 月的银行对账单

24. 销售截止测试涉及的三个重要的日期是（　　）。

A. 发票开具日期或收款日期　　B. 记账日期

C. 发货日期　　D. 验收日期

25. 下列有关记录负债环节控制活动的说法中，正确的有（　　）。

A. 定期独立检查应付账款总账余额与应付凭单部门未付款凭单档案中的总

金额是否一致

B. 定期核对编制付款记账凭证的日期与付款凭单副联的日期，监督付款入账的及时性

C. 记录现金支出的人员不得经手现金，其他有价证券除外

D. 应付账款部门在收到供应商发票时应将发票上所记载的品名、规格、价格、数量、条件及运费与订货单上的有关资料核对，如有可能，还应与验收单上的资料进行比较

26. 下列不属于采购与付款循环主要单据的有（　　）。

A. 验收单　　B. 付款凭单

C. 发运凭证　　D. 客户订货单

27. 下列属于采购与付款业务失控的表现的有（　　）。

A. 虚开发票，虚计收入

B. 货物的采购、储存、使用人又担任账务的记录工作

C. 大量结欠应付账款，长期挂账

D. 销售定价不合理，结算方式选用不当

28. 下列不属于采购与付款核算中的舞弊行为的有（　　）。

A. 应收账款坏账准备计提不合理

B. 利用应付账款骗取回扣，将折扣私分或留存“小金库”

C. 将属于供货方多发等原因造成的商品溢余私分或账外出售后作为“小金库”处理

D. 销售成本结转不实，与销售收入不配比

29. 存在下列情况之一的固定资产，应当全额计提减值准备的有（　　）。

A. 长期闲置不用，在可预见的未来不会再使用，且无转让价值的固定资产

B. 由于技术进步等原因，已不可能使用的固定资产

C. 已遭毁损，以至于不再具有使用价值和转让价值的固定资产

D. 虽然尚可使用但使用后产生大量不合格品的固定资产

30. 计算固定资产原值与本期产品产量的比率，并与以前期间相关指标进行比较，注册会计师可能会发现（　　）。

A. 资本性支出和收益性支出区分的错误

B. 闲置的固定资产

C. 增加的固定资产尚未作出会计处理

D. 减少的固定资产尚未作出会计处理

31. 在对被审计单位计提的固定资产减值准备进行审计时，下列各项中注册会计师应当确定为审计目标的有（　　）。

A. 固定资产减值准备的计提方法是否恰当

B. 固定资产减值准备的计提金额是否充分

C. 固定资产减值准备增减变动的记录是否完整

D. 固定资产减值准备期末余额是否正确

32. 有关期末存货的监盘程序中，与测试存货盘点记录的完整性相关的有（　　）。

A. 从存货盘点记录中选取项目追查至存货实物

B. 从存货实物中选取项目追查至存货盘点记录

C. 在存货盘点过程中关注存货的移动情况

D. 在存货盘点结束前，再次观察盘点现场

33. 注册会计师进行存货截止测试的主要方法，是核实以下所列的三个日期是否属于同一个正确的会计期间，这三个日期包括（　　）。

A. 购货发票的日期

B. 存货验收入库

C. 存货的付款日期

D. 存货变动涉及的会计科目入账的日期

34. 下列各项中属于货币资金审计涉及的单据或会计记录的是（　　）。

A. 现金盘点表

B. 银行对账单

C. 银行存款余额调节表

D. 有关科目的记账凭证及有关会计账簿

35. 假如接受委托时被审计单位已经完成存货的盘点，注册会计师应当（　　）。

A. 如被审计单位存货内部控制较好，可以抽查部分存货重新盘点，审查本期交易的记录后予以确认

B. 如被审计单位存货的重大错报风险评估为高水平，则提请被审计单位重新盘点，实施监盘程序

C. 如被审计单位存货的内部控制较弱，重大错报风险水平较高，则发表保留意见或无法表示意见的审计报告

D. 采用询问、观察和抽查程序，以确认存货的金额

36. 注册会计师在获取完整的存货存放地点清单的基础上，根据具体情况下的风险评估结果，可以考虑执行的审计程序包括（　　）。

A. 检查被审计单位存货的出入库单，关注是否存在被审计单位尚未告知注册会计师的仓库

B. 询问被审计单位除管理层和财务部门以外的其他人员，如营销人员、仓库人员等，以了解有关存货存放地点的情况

C. 检查费用支出明细账和租赁合同，关注被审计单位是否租赁仓库并支付租金，如果有，该仓库是否已包括在被审计单位提供的仓库清单中

D. 比较被审计单位不同时期的存货存放地点清单，关注仓库变动情况，以确定是否存在因仓库变动而未将存货纳入盘点范围的情况发生

37. 下列有关存货监盘地点的职业判断中，不正确的有（　　）。

A. 如果存货存放在多个地点，注册会计师可以要求被审计单位提供一份完整的存货存放地点清单，第三方代被审计单位保管存货的仓库除外

B. 如果存货存放在多个地点，注册会计师可以要求被审计单位提供一份完整的存货存放地点清单，租赁的仓库除外

C. 如果存货存放在多个地点，注册会计师可以要求被审计单位提供一份完整的存货存放地点清单，并考虑其完整性

D. 如果存货存放在多个地点，注册会计师可以要求被审计单位提供一份完整的存货存放地点清单，期末存货数量为零的仓库除外

38. 注册会计师在制定存货盘点计划前应进行的相关工作包括（　　）。

A. 了解存货的内容、性质、各存货项目的重要程度及存放场所

B. 了解存货会计系统及其相关的内部控制

C. 评估与存货相关的固有风险、控制风险和检查风险及重要性

D. 查阅以前年度的存货监盘工作底稿

39. 下列各项中，可能影响采购与付款交易和余额的重大错报风险的有（　　）。

A. 低估负债或相关准备

B. 费用支出的复杂性

C. 舞弊和盗窃的固有风险

D. 迫于业绩考核需要，管理层存在错报负债费用支出的动因

40. 下列属于固定资产或累计折旧的分析性复核程序的有（　　）。

A. 计算固定资产原值与本期产品产量的比率，并与以前期间比较

B. 比较本期与以前各期的固定资产增加和减少

C. 计算本期计提累计折旧额与固定资产总成本的比率，并与以前期间比较

D. 比较本期各月之间、本期与以前各期之间的修理和维护费用

三、判断题

1. 为了扩大销售量，销售人员可以自主决定赊销的对象而不经信用部门的审核。（　　）

2. 抽取资产负债表日前后一段时间的发运凭证和销售发票，核对发货日期与记账日期可以找出未入账的收入和多计的收入。（　　）

3. 没有完整的请购单和请购程序，属于销售收款循环中存在的控制偏差。（　）

4. 从账簿记录追查至原始凭证可以检查“少计”问题。（　）

5. 生产只要按照每年的计划完成一定的产量指标即可，无须接到生产通知后才开始生产。（　）

6. 存货的保管和记录职责应该由不同的人员承担。（　）

7. 仓管人员对存货的记录可以只记数量不记单价。（　）

8. 请购单、发票、人工工资汇总表以及发料凭证都属于生产循环的单据。（　）

9. 检查销售退回的授权批准情况与主营业务收入的计价有关。（　）

10. 收入的正确截止是指已经登记入账的收入都是确实在资产负债表日前已经发生的销售业务。（　）

11. 在对A公司进行年度财务报表审计时，甲注册会计师利用被审计单位提供的应收账款明细账户名称及地址编制询证函后，交由A公司出纳发送询证函。（　）

12. 在实施应收账款函证时，采用肯定式和否定式函证相结合的方法更为适宜。（　）

13. 若应收账款在全部资产中所占的比重越大，则可以相应缩减函证范围。（　）

14. 对于因无法投递而退回的应收账款函证，注册会计师马上判断该笔应收账款为一笔假账。（　）

15. 通过向往来银行函证，注册会计师不仅可了解企业资产的存在，还可了解企业账面反映所欠银行债务的情况，并有助于发现企业未入账的银行借款和未披露的或有负债。（　）

16. 若被审计单位库存现金存放部门有两处或两处以上的，应同时进行盘点。（　）

17. 注册会计师在对某年度主营业务收入实施截止测试时，应当以该年度的销售发票为起点，以检查是否高估主营业务收入。（　）

18. 审计人员在检查期末发生的一笔大额赊销时，要求R公司提供由购货单位签收的收货单，R公司因此提供了收货单复印件。审计助理人员在将品名、数量、收货日期等内容与账面记录逐一核对相符后，将获取的收货单复印件作为审计证据纳入审计工作底稿，并据以确认该笔销售“未见异常”。（　）

19. 出纳员应当于每月月末核对银行存款日记账和银行对账单，编制银行存款余额调节表，使银行存款账面余额与银行对账单调节相符。（　）

20. 注册会计师在审计某公司2017年的年报时发现2017年12月的一笔金

额较大的产品销售在2018年1月因产品质量问题全部退回，被审计单位将退货记到2018年1月的账上，做主营业务收入的减少，注册会计师建议其调整至2017年。（ ）

21. 企业现金收入应当及时存入银行，不得从企业的现金收入中直接支付。因特殊情况需要坐支现金的，应事先报经开户银行审查批准。（ ）

22. 审计中注册会计师发现被审计单位对应收账款同时采用账龄分析法和个别认定法，经审查后予以确认。（ ）

23. 若注册会计师在实施抽盘程序时发现差异，则说明被审计单位的存货盘点在准确性或完整性方面存在错误。（ ）

24. 注册会计师通过对被审计单位期末应收账款的函证，对有关债权回收的可能性得出合理的结论。（ ）

25. 如果被审计单位严重高估销售收入或应收账款，风险分析程序将显示销售趋势非正常或应收账款周转率降低两者并存。（ ）

26. 请购单是由商品制造、资产使用等部门的有关人员填写，送交采购部门，申请购买商品、劳务或其他资产的书面凭证。（ ）

27. 采购与付款交易的重大错报风险常见的情况下是通过低估费用和应付账款，高估利润，粉饰财务状况。（ ）

28. 注册会计师对固定资产进行实地观察时，可以固定资产明细分类账为起点，重点观察本期新增加的重要固定资产。（ ）

29. 审计助理人员于2019年3月15日对R公司的存货进行了监盘，监盘中按存货金额45%的比例进行了抽盘，抽盘结果显示抽盘日账实相符，据以得出资产负债表日存货真实存在的审计结论。（ ）

30. 戊公司在资产负债表日对一批账面价值为100万元，可变现净值为84万元的存货计提了跌价准备16万元。该批存货在资产负债表日至审计报告日出售了50%，销售收入为41万元。助理人员确认戊公司对该批存货计提的跌价准备是合理的。（ ）

31. 对于库存商品的审计，无论被审计单位是采用实际成本计价，还是采用计划成本计价，都可以计算出所审样本的单位成本，然后与相关的账、证核对。（ ）

32. 注册会计师通过对存货实施监盘程序能对存货结存数量的真实性予以确认，可以据此验证财务报表上存货余额的真实性。（ ）

33. 对存货进行盘点是注册会计师的责任。（ ）

34. 注册会计师在对存货实施抽查程序前，应将抽查的范围告知被审计单位盘点人员，以便得到对方的支持。（ ）

35. 注册会计师通过计算累计折旧与固定资产原值的比率，发现比前期高

出很多，则怀疑本期累计折旧计提可能过多。（　）

36. 对回函中出现的不符事项，注册会计师通过询问被审计单位相关人员对不符事项的性质和原因得出了满意结论。（　）

37. 监盘程序所得的证据是实物证据，能够证实资产的所有权。（　）

38. 对于负债，被审计单位一般偏向于少列，所以只需检查有无少列负债的情况。（　）

39. 检查有无未入账的应付账款很重要，实现该目标可以通过审查期后的付款凭证来实现。（　）

40. 应付账款的审计可以运用分析性程序指出错报风险可能出现的领域。（　）

四、业务题

1. B股份有限公司（以下简称B公司）主要经营中小型机电类产品的生产和销售，产品销售以B公司仓库为交货地点。B公司目前主要采用手工会计系统。ABC会计师事务所接受委托审计B公司2019年度财务报表，注册会计师C和D负责于2019年10月25日至11月10日对B公司的采购与付款循环、生产循环、销售与收款循环的内部控制进行了解、测试与评价。

通过对B公司内部控制的了解，注册会计师C和D在审计工作底稿中记录了所了解的和采购与付款循环、生产循环、销售与收款循环相关的内部控制程序，部分内容摘录如下：

（1）对需要购买的已经列入存货清单的项目由仓库负责填写请购单，对未列入存货清单的由相关需求部门填写请购单。每张请购单须由对该类采购支出预算负责的主管人员签字批准。

（2）采购部收到经批准的请购单后，由其职员E进行询价并确定供应商，再由其职员F负责编制和发出预先连续编号的订购单。订购单一式四联，经被授权的采购人员签字后，分别送交供应商、负责验收的部门、提交请购单的部门和负责采购业务结算的应付凭单部门。

（3）验收部门根据订购单上的要求对所采购的材料进行验收，完成验收后，将原材料交由仓库人员存入库房，并编制预先连续编号的验收单交仓库人员签字确认。验收单一式三联，其中两联分送应付凭单部门和仓库，一联留存验收部门。

（4）应付凭单部门核对供应商发票、验收单和订购单，并编制预先连续编号的付款凭单。在付款凭单经被授权人员批准后，应付凭单部门将付款凭单连同供应商发票及时送交会计部门，并将未付款凭单副联保存在未付款凭单档案中。会计部门收到附供应商发票的付款凭单后即应及时编制有关的记账凭证，并登记原材料和应付账款账簿。

（5）应付凭单部门负责确定尚未付款凭单在到期日付款，并将留存的未付款凭单及其附件根据授权审批权限送交审批人审批。审批人审批后，将未付款凭单连同附件交复核人复核，然后交财务出纳人员J据此办理支付手续，登记现金和银行存款日记账，并在每月月末编制银行存款余额调节表，交会计主管审核。

（6）生产部门收到生产计划部门签发的预先连续编号的生产通知单后，向仓库提交经批准的预先连续编号的一式三联领料单。仓库发出原材料后，将其中两联领料单分送领料部门和会计部门，一联留存仓库。生产部门完工的产成品经过检验员验收后交仓库查点入库。仓库人员编制预先连续编号的一式三联产成品入库单，其中两联及时分送生产部门和会计部门，一联留存仓库。

（7）会计部门的成本会计K根据收到的生产通知单、领料单、工时记录和产成品入库单等资料，在月末编制材料费用、人工费用和制造费用分配表以及完工产品与在产品成本分配表，经本部门的复核人员复核后，据以核算成本和登记相关账簿。

（8）根据批准的客户订单，销售部编制预先连续编号的一式三联现销或赊销销售单。经销售部被授权人员批准后，所有销售单的第一联直接送仓库作为按销售单供货和发货给装运部门的授权依据，第二联交开具账单部门，第三联由销售部留存。装运部门将从仓库提取的商品与销售单核对无误后装运，并编制一式四联预先连续编号的发运单，其中三联及时分送开具账单部门、仓库和客户，一联留存装运部门。

（9）开具账单部门在收到发运单并与销售单核对无误后，编制预先连续编号的销售发票，并将其连同发运单和销售单及时送交会计部门。会计部门在核对无误后确认销售收入并登记应收账款账簿。会计部门定期向客户寄送对账单，并对客户提出的异议进行专门追查。

（10）公司的应收账款账龄分析由专门的“应收账款账龄分析计算机系统”完成，该系统由独立的信息部门负责维护管理。会计部门相关人员负责在系统中及时录入所有与应收账款交易相关的基础数据。为了便于及时更正录入的基础数据可能存在的差错，信息部门拥有修改基础数据的权限。

（11）公司每半年对全部存货盘点一次，编制盘点表。会计部门与仓库在核对结存数量后，向管理层报告差异情况及形成原因，并在经批准后进行相应处理。

（12）内部审计部门直接向公司专职负责纪检、监察的副总经理报告工作。内部审计人员定期和不定期地对公司日常业务的处理和记录进行审计。

要求：假定不考虑其他条件，请逐项判断B公司上述已经存在的内部控制程序在设计上是否存在缺陷。如果存在缺陷，请分别予以指出，并简要说明理由，提出改进建议。

2. ABC会计师事务所注册会计师A和B接受事务所的委派对XYZ股份有限公司（以下简称XYZ公司）2019年度财务报表进行审计。在预备调查阶段，通过调查问卷等形式了解到XYZ公司销售与收款循环的内部控制，描述如下：

（1）销售部门收到客户的订单后，由经理甲对品种、规格、数量、价格、付款条件、结算方式等详细审核后签章，交仓库办理发货手续。

（2）仓库在发运商品出库时，均必须由管理员乙根据经批准的订单，填制一式四联的销售单。在各联上签章后，第一联作为发货单，由工作人员配货并随货交客户；第二联交会计部门；第三联送应收账款专管员丙；第四联则由管理员乙按编号顺序连同订单一并归档保存，作为盘存的依据。

（3）会计部门收到销货单后，根据单中所列资料，开具统一的销售发票，将客户联寄送客户，将销售发票交应收账款专管员丙，作为记账和收款的凭证。

（4）应收账款专管员丙收到发票后，将发票与销货单核对，如无错误，据以登记应收账款明细账，并将发票和销货单按客户顺序归档保存。

要求：

（1）指出XYZ公司在销售与收款循环内部控制中存在的缺陷。

（2）针对存在的缺陷，提出改善措施。

3. X公司系公开发行A股的上市公司，主要经营计算机硬件的开发、集成与销售，其主要业务流程通常为：向客户提供技术建议书→签署销售合同→结合库存情况备货→委托货运公司送货→安装验收→根据安装验收报告开具发票并确认收入。注册会计师于2019年年初对X公司2018年度财务报表进行审计。经初步了解，X公司2018年度的经营形势、管理及经营机构与2017年度相比未发生重大变化，且未发生重大重组行为。

其他相关资料如下（金额单位：万元）：

资料一：X公司2018年度未审利润表及2017年度已审利润表如下：

项目	2018年度（未审数）	2017年度（审定数）
一、主营业务收入	104 300	58 900
减：主营业务成本	91 845	53 599
税金及附加	560	350
二、主营业务利润	11 895	4 951
加：其他业务利润	40	56
减：销售费用	2 800	1 610
管理费用	2 380	3 260
财务费用	180	150

续表

项目	2018年度（未审数）	2017年度（审定数）
三、营业利润 加：投资收益 补贴收入 营业外收入 减：营业外支出	6 575 980 100 260	(13) 150 300
四、利润总额 减：所得税费用（税率33%）	7 395 800	(163)
五、净利润	6 595	(163)

资料二：X公司2018年度1—12月份未审主营业务收入、主营业务成本列示如下：

月份	主营业务收入	主营业务成本
1	7 800	7 566
2	7 600	6 764
3	7 400	6 512
4	7 700	6 768
5	7 800	6 981
6	7 850	6 947
7	7 950	7 115
8	7 700	6 830
9	7 600	6 832
10	7 900	7 111
11	8 100	7 280
12	18 900	15 139
合计	104 300	91 845

资料三：注册会计师在编制审计计划时，准备在X公司2018年度所开具的全部发票中，采用固定样本量抽样法随机抽取若干发票进行控制测试，检查样本发票是否有对应的安装验收报告。注册会计师确定的预计误差率为1%，可容忍误差率为4%，信赖过度风险为5%，在95%的可信赖程度下，控制测试的样本量表如下：

预计误差率（%）	可容忍误差率			
	3%	4%	5%	6%
0.75	208（1）	117（1）	93（1）	78（1）
1		156（1）	93（1）	78（1）
1.25		156（1）	124（2）	78（1）
1.5		192（3）	124（2）	103（2）

资料四：注册会计师在实施实质性程序时，抽查到以下销售业务：

（1）销售给A公司硬件计936万元（含税，增值税税率为17%）。相关合同约定：签订合同后支付100万元，出具安装验收报告后支付200万元，试运行一个月并终验合格后支付636万元，交货日期为2018年11月20日。实际执行情况是：X公司于2018年11月15日发货，经双方签字盖章的安装验收报告日期为2018年12月25日，发票日期为2018年12月25日。截至2018年12月31日，X公司已经收取货款300万元，确认2018年度该项销售收入800万元。

（2）销售给B公司硬件计1 170万元（含税，增值税税率为17%）。相关合同约定：签订合同后支付300万元，出具安装验收报告后支付870万元，交货日期为2018年12月26日。实际执行情况是：经双方签字盖章的安装验收报告日期为2018年12月29日，发票日期为2018年12月29日。截至2018年12月31日，X公司已经收取货款1 170万元，并确认2018年度该项销售收入1 000万元。注册会计师在审计时，未取得该项销售业务的发货单据，X公司解释的理由为供货单位接受X公司指令直接将货物发运至B公司。

（3）销售给再集成商C公司硬件计1 755万元（含税，增值税税率为17%）。相关合同约定：该批货物直接发运至C公司的客户D公司，安装调试由C公司负责；C公司在签订合同后支付200万元，剩余货款1 555万元在C公司收取D公司货款后一次性支付。实际执行情况是：X公司于2018年12月18日发货，发票日期为2018年12月18日，无安装验收报告。截至2018年12月31日，X公司已经收取货款200万元，确认2018年度该项销售收入1 500万元。

（4）销售给F公司硬件计1 287万元（含税，增值税税率为17%）。相关合同约定：签订合同后支付300万元，货物发出后支付987万元，交货日期为2018年11月28日。实际执行情况是：X公司于2018年12月29日向F公司开具发票。截至2018年12月31日，X公司已经收取货款300万元，确认该项销售收入1 100万元。注册会计师在审计中注意到，上述货物尚存放在X公司仓库，X公司为此提供了一份F公司2018年11月28日的传真，内容为："由于本公司原因，自贵公司购进的硬件暂存贵公司，货物的所有权即日起转移至本公司。"

（5）销售给控股股东G公司硬件计3 510万元（含税，增值税税率为17%）。发货单、发票、安装验收报告、销售合同核对后无异常，货款已于2018年12月全部收到。2018年度，X公司确认该项销售收入3 000万元，销售成本1 800万元。2018年度，同类硬件主要销售给非关联方，其加权平均毛利率为10%。

（6）销售给H公司硬件计2 106万元（含税，增值税税率为17%）。发货单、发票、安装验收报告、销售合同核对后无异常，截至2018年12月31日，已收到货款1 000万元，尚有1 106万元货款未收到。2018年度，X公司确认该项销售收入1 800万元。注册会计师在对应收H公司1 106万元款项进行函证时，H公司回函表示已经退货。经检查，X公司已于2019年1月10日冲减了当月销售收入1 800万元，并冲减相关销售成本。

（7）销售给J公司硬件计1 053万元（含税，增值税税率为17%）。发货单、发票、安装验收报告、销售合同核对后无异常，截至审计时，货款全部未收到。2018年度，X公司确认该项销售收入900万元。注册会计师在对应收J公司1 053万元款项进行函证时，J公司回函予以确认，但在注册会计师进行电话询证时，J公司相关人员表示其从未与X公司发生业务往来，不存在欠付X公司债务情况。

要求：

（1）为确定重点审计领域，注册会计师拟实施分析性复核程序。请对资料一进行分析后，指出利润表中的重点审计领域，并简要说明理由；对资料二分析后，指出主营业务收入和主营业务成本的重点审计领域，并简要说明理由。（不要求列示分析过程。）

（2）注册会计师在了解X公司销售与收款循环内部控制后，准备对X公司销售业务的内部控制进行测试，以验证其能否确保已入账的销售确系已经实现的销售。请列示该项测试的主要程序。

（3）针对检查样本发票是否有对应的安装验收报告这项控制测试，根据资料三中列示的各项条件，请定义“误差”，确定样本量，并根据以下两种情况评价抽样结果：1）抽样查出的误差数为1，且没有发现舞弊或逃避内部控制的情况；2）抽样查出的误差数为3，且没有发现舞弊或逃避内部控制的情况。

（4）针对资料四中（1）至（6）项销售业务，请分别判断X公司已经确认的销售收入能否确认（按“能够确认”“不能确认”“不能全部确认”“尚无法形成审计结论”四种分别予以回答）。若回答“不能确认”或“不能全部确认”，请简要说明理由；若回答“尚无法形成审计结论”，请指出应进一步实施哪些审计程序。

（5）针对资料四中第（7）项销售业务，请指出是否应实施进一步审计程序。若已经证实该项销售业务系虚构，请指出注册会计师应当采取哪些措施。

4. T公司设立于2017年7月，从事海洋捕捞和海产品销售业务。ABC会计师事务所于2017年11月30日接受委托，承接了T公司2017年度财务报表审计业务。A注册会计师接受ABC会计师事务所指派，负责该项审计业务。相关资料如下：

2017年12月中旬，A注册会计师在对T公司进行预审过程中，获知以下情况，并对存货监盘做出了相应安排：

（1）T公司拥有12艘渔轮，其中，9艘为近海渔轮，3艘为远洋渔轮。由于远洋捕捞业务的季节性和特殊性，至2017年12月31日，3艘远洋渔轮仍在外海作业，将于2018年6月30日全部返港。

（2）T公司的1艘远洋渔轮捕捞的海产品委托F国的一家仓储公司代为储存，由T公司在F国设立的经销处组织销售。该艘远洋渔轮将在2018年4月30日到F国最后一次卸货，并于6月30日空载返回国内休息。

（3）T公司将于2017年12月31日分别对不同地点的存货数量采用不同的方法予以核实：对于国内冷库库存存货，由公司组织相关人员进行盘点，填写盘点表，由财务部门核对确认；对于9艘近海渔轮，要求于2017年12月31日返港，由公司组织相关人员在卸货时采用磅秤测量的方法对其存货进行盘点并另库存放，由财务部门根据盘点表核对确认；对于外海作业的3艘远洋渔轮，要求按照公司统一部署实施盘点，填写盘点表并传真回公司，经公司的生产部门审核后，由财务部门核对确认；对于储存于F国的海产品存货，要求其经销处组织盘点，并将存货盘点表传真回公司，由财务部门核对确认。

（4）A注册会计师决定对国内冷库库存存货以及返港的9艘渔轮的存货实施监盘；对储存于F国的海产品存货委托F国会计师事务所实施监盘。

（5）T公司向有关部门提交年度财务报表的截止时间为2018年4月30日，注册会计师无法在该截止日前对远洋渔轮的存货实施监盘程序。T公司希望A注册会计师理解公司存货存放位置的特殊性，要求通过检查公司生产计划与生产日志，存货收、发、存记录以及经财务部门核对确认的期末存货盘点表等，对远洋渔轮2017年12月31日的存货数量予以审计确认。

要求：

（1）针对资料（3），对于T公司使用磅秤测量方法进行的存货盘点，请简要说明A注册会计师在监盘过程中应当考虑实施哪些审计程序。

（2）针对资料（5），请回答A注册会计师能否同意T公司的要求，并简要说明理由。

（3）针对资料（4），假定ABC会计师事务所于2018年年初接受委托审计T公司2017年度财务报表，而T公司已于2017年12月31日对存货进行了盘点，请简要回答，为确认2017年12月31日T公司国内冷库库存存货以及返港的9艘近海渔轮存货的数量，A注册会计师应当实施哪些必要的审计程序。

5. ABC会计师事务所的A注册会计师负责审计甲公司2019年度财务报表，审计工作底稿中的部分内容摘录如下：

（1）甲公司各部门使用的请购单未连续编号，请购单由部门经理批准，超过一定金额还需总经理批准。A注册会计师认为该项控制设计有效，实施了控制测试，结果满意。

（2）为查找未入账的应付账款，A注册会计师检查了资产负债表日后应付账款明细账贷方发生额的相关凭证，并结合存货监盘程序，检查了甲公司资产负债表日前后的存货入库资料，结果满意。

（3）由于2019年人员工资和维修材料价格持续上涨，甲公司实际发生的产品质量保证支出与以前年度的预计数相差较大，A注册会计师要求管理层就该差异进行追溯调整。

（4）甲公司有一笔账龄三年以上，金额重大的其他应付款，因2019年度未发生变动，A注册会计师未实施进一步审计程序。

（5）甲公司年末与固定资产弃置义务相关的预计负债余额为200万元，A注册会计师作出了300万元到360万元之间的区间估计，与管理层沟通后同意其按100万元的错报进行调整。

要求：针对上述（1）至（5）项，逐项指出A注册会计师的做法是否恰当。如不恰当，简要说明理由。

6. ABC会计师事务所的A注册会计师负责审计多家被审计单位2019年度财务报表。与存货审计相关的部分事项如下：

（1）甲公司为制造型企业。采用信息系统进行成本核算。A注册会计师对信息系统一般控制和相关的自动化应用控制进行测试后结果满意，不再对成本核算实施实质性程序。

（2）因乙公司存货不存在特别风险，且以前年度与存货相关的控制运行有效，A注册会计师因此减少了本年度存货细节测试的样本量。

（3）丙公司采用连续编号的盘点标签记录盘点结果，并逐项录入盘点结果汇总表。A注册会计师将抽盘样本的数量与盘点标签记录的数量进行了核对，未发现差异，据此认可了盘点结果汇总表记录的存货数量。

（4）丁公司从事进口贸易，年末存货均于2019年12月购入，金额重大。A注册会计师通过获取并检查采购合同、发票、进口报关单、验收入库单等支持性文件，认为获取了有关存货存在和状况的充分、适当的审计证据。

（5）戊公司的存货存放在多个地点。A注册会计师取得了存货存放地点清单并检查了其完整性，根据各个地点存货余额的重要性及重大错报风险的评估结果，选取其中几个地点实施了监盘。

（6）A注册会计师在己公司盘点结束后、存货未流动前抵达盘点现场，对存货进行检查并实施了抽盘，与己公司盘点数量核对无误，据此认可了盘点结果。

要求：针对上述（1）至（6）项，逐项指出A注册会计师的做法是否恰当。如不恰当，简要说明理由。

7. ABC会计师事务所的A注册会计师负责审计甲公司2019年度财务报

表，与货币资金审计相关的部分事项如下：

（1）A注册会计师认为库存现金重大错报风险很低，因此，未测试甲公司财务主管每月月末盘点库存现金的控制，于2019年12月31日实施了现金监盘，结果满意。

（2）对于账面余额存在差异的银行账户，A注册会计师获取了银行存款余额调节表，检查了调节表中的加计数是否正确，并检查了调节后的银行存款日记账余额和银行对账单余额是否一致，据此认可了银行存款余额调节表。

（3）因对甲公司管理层提供的银行对账单的真实性存有疑虑，A注册会计师在出纳陪同下前往银行获取银行对账单，在银行柜台人员打印对账单时，A注册会计师前往该银行其他部门实施了银行函证。

（4）甲公司有一笔2018年10月存入的期限两年的大额定期存款。A注册会计师在2018年度财务报表审计中检查了开户证实书原件并实施了函证，结果满意，因此，未在2019年度审计中实施审计程序。

（5）为测试银行账户交易入账的真实性，A注册会计师在验证银行对账单的真实性后，从银行存款日记账中选取样本与银行对账单进行核对，并检查了支持性文件，结果满意。

（6）乙银行在银行询证函回函中注明："接收人不能依赖函证中的信息。"A注册会计师认为该条款不影响回函的可靠性，认可了回函结果。

要求：针对上述（1）至（6）项，逐项指出A注册会计师的做法是否恰当。如不恰当，简要说明理由。

第十一章

完成审计工作

学习指导

一、学习要求

1. 了解外勤审计工作结束阶段审计人员还需要执行哪些审计程序；

2. 了解期初余额对审计意见的影响，并掌握期后事项的类型和相关审计程序；

3. 掌握审计差异的类型、审计差异调整表和试算平衡表的编制，并理解与治理层和管理层沟通的意义、内容与方式以及审计工作底稿的最终复核程序及其意义。

二、内容框架

本章主要讨论了在外勤审计工作结束阶段，审计人员还需要执行的一些审计程序，在外勤审计工作即将结束之时，审计人员还需要对一些特定的事项执行专门的审计程序，如检查期初余额、期后事项、与被审计单位的治理层进行沟通、持续经营假设判断等。审计人员需要将在审计过程中发现的需要调整的所有事项，都填入有关审计工作底稿。

（一）审查期初余额

期初余额是指审计人员初次接受委托时，所审会计期间期初已存在的余额，它以上期的期末余额为基础，反映了前期交易、事项及其会计处理的结果。期初余额是本期财务报表的基础，往往会对本期财务报表产生重要的影响。因此，审计人员应以高度的责任感、慎重的态度及应有的职业谨慎，确定期初余额对所审报表的影响程度。判断期初余额对所审报表的影响程度主要应着眼于以下三个方面：（1）上期期末结转至本期的金额；（2）上期所采用的会计政策；（3）上期期末已存在的或有事项和承诺。

审计人员一般无须专门对期初余额发表审计意见，但应当实施适当的审计程序，并充分考虑相关审计结论对所审报表发表审计意见的影响，包括查阅前任注册会计师工作底稿，并考虑前任注册会计师的独立性和专业胜任能力；复核上期文件与记录等。如果实施以上审计程序后不能对期初余额得出满意结论时，审计人员可以实施以下程序：对流动资产和流动负债，注册会计师通常可以通过本期实施的审计程序获取部分审计证据。在某些情况下，注册会计师可向第三方函证期初余额，或实施追加的审计程序。

（二）编制审计差异调整表和试算平衡表

审计差异是由于审计测试过程中发现的被审计单位会计处理方法与有关会计准则和制度不一致所造成的。

审计差异内容按是否需要调整被审计单位的账簿记录可分为核算误差和重分类误差。核算误差是因企业对交易或事项进行了不正确的会计处理而引起的科目或金额的错误。重分类误差则是因为企业未按有关会计准则和制度的规定列报财务报表引起的报告项目的错误。核算误差需要审计人员根据重要性水平和运用职业判断来衡量是否对企业的账簿记录进行调整，需要调整企业的账簿记录的核算差异为建议调整的不符事项，否则为不建议调整的不符事项。

试算平衡表是注册会计师根据被审计单位提供的未审计财务报表，考虑调整分录和重分类分录等内容以后确定的会计报表的审定数的表式。

审计差异调整和试算平衡的内容都要详细记录于审计工作底稿。

（三）书面声明

书面声明是指管理层向注册会计师提供的书面陈述，用以确认某些事项或支持其他审计证据。书面声明不包括财务报表及其认定，以及支持性账簿和相关记录。这里提及的管理层是指管理层和治理层。

注册会计师的目标是：（1）向管理层获取其认为自身已履行编制财务报表和向注册会计师提供完整信息的责任的书面声明；（2）如果注册会计师认为有必要或其他审计准则有要求，通过书面声明支持与财务报表或具体认定相关的其他审计证据；（3）恰当应对管理层提供的书面声明或管理层不提供注册会计师要求的书面声明的情况。注册会计师获取的书面声明有针对管理层责任的书面声明和其他书面声明。书面声明的日期应当尽量接近对财务报表出具审计报告的日期，但不得在审计报告日后，并且书面声明应当涵盖审计报告针对的所有财务报表和期间。当注册会计师对书面声明可靠性存在疑虑或者管理层不提供要求的书面声明时，注册会计师应该采取适当的措施，确定其对审计意见可能产生的影响。

（四）对审计工作底稿进行复核

会计师事务所应当建立完善的审计工作底稿分级复核制度。审计工作底稿的复核可以分为项目组内部复核和独立的项目质量控制复核，其中项目组内部复核可以分为项目负责经理的现场复核和项目合伙人的复核。项目负责经理的现场复核属于第一级复核，该级复核通常在审计现场完成，以便及时发现和解决问题，争取审计工作的主动；项目合伙人的复核是项目组内部最高级别的复核，该复核既是对项目负责经理复核的再监督，也是对重要审计事项的把关。独立的项目质量控制复核是指在出具报告前对项目组作出的重大判断和在准备报告时形成的结论作出客观评价的过程，也称独立复核。在审计工作中，注册会计师面临各种各样需要进行职业判断的问题，如果有大量的问题需要解决而又经过长时间的审计，注册会计师就容易丧失正确的观察能力和判断能力。因此进行独立复核有助于消除妨碍注册会计师正确判断的偏见。

（五）复核期后事项

期后事项是指财务报表日至审计报告日之间发生的事项，以及注册会计师在审计报告日后知悉的事实。期后事项一般分为两类：（1）对财务报表日已经存在的情况提供证据的事项；（2）对财务报表日后发生的情况提供证据的事项。正确区分两类性质不同的期后事项的关键在于正确界定期后事项主要情况出现的时间。凡主要情况出现在资产负债表日之前的期后事项应提请被审计单位予以调整；反之，则只需建议被审计单位在报表附注中加以披露即可。

在讨论期后事项时，必须注意几个时间：财务报表日、审计报告日、财务报表报出日和财务报表批准日。

考虑到期后事项可能会要求审计调整和披露，审计人员必须确认这些事项是否重大。一些审计程序可以帮助审计人员调查期后事项，例如截止测试和查找未记录的负债。审计人员可以结合对财务报表实施的实质性程序或另行实施审计程序对期后事项进行审计。审计人员另行实施的审计程序，应当尽量在接近审计报告日时进行。

在审计报告日后，注册会计师没有责任针对财务报表实施审计程序或进行专门查询。在审计报告日至财务报表报出日期间，管理层有责任告知注册会计师可能影响财务报表的事实。在财务报表报出后，注册会计师没有义务针对财务报表作出查询。

（六）与治理层沟通

所谓治理层，是指对被审计单位战略方向和管理层履行经营管理职责负有监督责任的组织和人员。所谓管理层，是指对被审计单位经营活动的执行负有管理责任的人员。管理层负责编制财务报表，并受到治理层的监督。公司治理不同于公司管理。

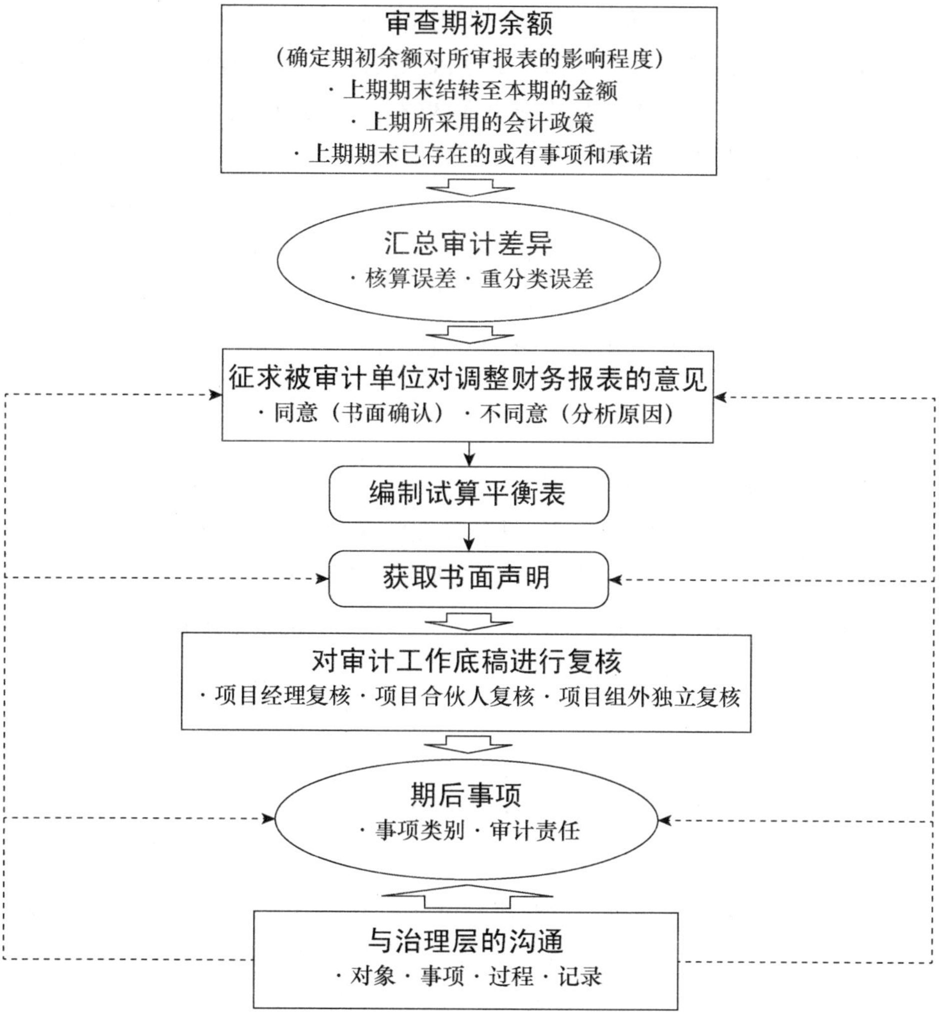

本章内容框架图

审计人员应当及时与治理层沟通与财务报表审计相关的事项，这些事项与治理层的责任相关。审计人员应当与治理层进行清晰明确的沟通，并提请治理层以同样方式与审计人员沟通，以建立有效的双向沟通关系。沟通的主要目的是明确双方的责任，取得相互了解；及时告知审计中发现的与治理层责任相关的事项；信息共享。审计人员与治理层沟通的主要事项包括：注册会计师的责任；计划实施的审计工作范围和时间；实施的审计工作及其结果；注册会计师的独立性；审计人员对被审计单位会计实务质量的看法；审计工作中遇到的重大困难；尚未更正的错报；审计中发现的与治理层监督财务报告和披露过程相关的其他重大事项等。当与治理层沟通计划的审计范围和时间时，注册会计师应当保持职业谨慎，以防止具体审计程序易于被治理层，尤其是承担管理责任的治理层所预见等原因而损害审计工作的有效性。审计人员与治理层的沟通情况影响审计人员最终审计意见的选择。

审计人员应当确定与治理结构中的哪些相关人员沟通特定事项。沟通的对象包括治理层整体、审计委员会或监事会、集团治理层、管理层、内部审计人员等。沟通的形式涉及口头或书面沟通、详细或简略沟通、正式或非正式沟通。有效的沟通形式不仅包括正式声明和书面报告等正式形式，也包括讨论等非正式形式。沟通的时间要求：注册会计师应当及时与治理层沟通。包括签订审计业务约定书时，执行内部控制测试和实质性程序时，审计中遇到困难和发现重大问题时，编制审计报告完成审计工作前等。时间和方式都可以相互协商协调。应当将沟通的过程和内容记录于审计工作底稿，并注意保密。

本章习题

一、单项选择题

1. 注册会计师在编制审计差异调整表时，无论是建议调整的不符事项、不建议调整的不符事项，还是重分类误差，都应（　　）。

A. 提请被审计单位调整　　B. 记录于工作底稿

C. 在审计报告中反映　　D. 与管理层沟通

2. 关于期初余额审计的说法正确的是（　　）。

A. 注册会计师无须对期初余额专门发表审计意见

B. 前期注册会计师对本期期初余额负责，本期注册会计师只需对本期期末余额负责

C. 期初余额审计一般在审计开始阶段进行

D. 上期期末余额结转到本期有调整的，注册会计师才需要关注

3. 关于期初余额审计程序的说法不恰当的是（　　）。

A. 对于流动资产和流动负债的期初余额，注册会计师通常可以通过本期实施的审计程序获取全部的审计证据

B. 对非流动资产和非流动负债，注册会计师通常检查形成期初余额的会计记录和其他信息

C. 在某些情况下，注册会计师可向第三方函证或实施其他替代程序

D. 上期报表由其他注册会计师审计的，可在被审计单位同意的前提下向前任咨询关于期初余额的事项

4. 如果实施相关审计程序后无法获取有关期初余额充分、适当的审计证据，注册会计师应该（　　）。

A. 由于期初余额应当由上期报告反映，本期无须作处理

B. 发表保留意见或无法表示意见的审计报告

C. 提请被审计单位召开三方会谈

D. 提请被审计单位调整财务报表

5. 下列有关管理层书面声明的作用的说法中，错误的是（　　）。

A. 书面声明为财务报表审计提供了必要的审计证据

B. 管理层已提供可靠书面声明的事实，可能影响注册会计师就具体认定获取的审计证据的性质和范围

C. 书面声明可以促使管理层更加认真地考虑声明所涉及的事项

D. 书面声明本身不为所涉及的任何事项提供充分、适当的审计证据

6. 注册会计师正在审计甲公司 2019 年度的财务报表，由于产品质量问题，甲公司 2020 年 2 月 3 日收到 2019 年 12 月 3 日销售的一批产品的 60%，产品已验收并开出红字发票。审计报告拟在 2020 年 3 月 20 日出具，则注册会计师可以认可的甲公司的做法是（　　）。

A. 将退货作为 2020 年 2 月份的业务入账

B. 作为 2019 年度的调整事项，按该批产品的 60%调整 2019 年 12 月份的收入和销售成本

C. 冲减 2019 年 12 月的该批产品销售的全部，2020 年按 40%作为销售重新入账

D. 不作调整，只在 2019 年报表附注中披露

7. 假如 2019 年的审计报告在 2020 年 3 月 31 日公布，下列不属于 2019 年期后非调整事项的是（　　）。

A. 2020 年 1 月被审计单位宣告发放股票股利

B. 2020 年 3 月 2 日被审计单位发生火灾，造成重大损失

C. 2020 年 2 月被审计单位对外进行重大投资

D. 2020 年 1 月收到 2019 年的销售退货

8. 下列有关书面声明日期的说法中，错误的是（　　）。

A. 书面声明的日期不得晚于审计报告日

B. 书面声明的日期不得早于财务报表报出日

C. 书面声明的日期可以和审计报告日是同一天

D. 书面声明的日期可以早于审计报告日

9. 下列有关期后事项审计的说法中，错误的是（　　）。

A. 注册会计师应当设计和实施审计程序，获取充分、适当的审计证据，以确定所有在财务报表日至财务报表报出日之间发生的、需要在财务报表中调整或披露的事项均已得到识别

B. 注册会计师应当恰当应对审计报告日后知悉的，且如果在审计报告日知悉可能导致注册会计师修改审计报告的事项

C. 注册会计师应当要求管理层提供书面证明，确认所有在财务报表日后发生的按照适用的财务报告编制基础的规定应予以调整或披露的事项均已

得到调整或披露

D. 财务报表报出后，注册会计师没有义务针对财务报表实施任何审计程序

10. 下列有关期后事项审计的说法中，不正确的是（　　）。

A. 期后事项是指财务报表日至财务报表报出日之间发生的事项

B. 期后事项是财务报表日至审计报告日之间发生的事项，以及注册会计师在审计报告日后知悉的事实

C. 注册会计师仅需主动识别财务报表日至审计报告日之间发生的期后事项

D. 审计报告日后，如果注册会计师知悉某项若在审计报告日知悉将导致修改审计报告的事实，且管理层已就此修改了财务报表，应当对修改后的财务报表实施必要的审计程序，出具新的或经修改的审计报告

11. 在审计过程中，注册会计师需要与被审计单位治理层进行沟通，下列关于与治理层沟通的说法中，错误的是（　　）。

A. 首次承接委托时，与治理层的沟通随同就审计业务达成一致意见一并进行

B. 在审计过程中遇到的重大困难，应汇总在完成审计工作时与治理层进行沟通

C. 如果注册会计师与治理层之间的双向沟通不充分且情况得不到解决，应当采取适当防范措施

D. 对于审计准则要求的注册会计师的独立性，注册会计师应当以书面形式与治理层沟通

12. 如果注册会计师与治理层之间的双向沟通不充分，并且这种情况得不到解决，下列有关注册会计师采取的措施中，错误的是（　　）。

A. 根据范围受到限制的情况，发表非无保留意见或增加其他事项段

B. 就采取不同措施的后果征询法律意见

C. 与被审计单位外部的在治理结构中拥有更高权力的组织或人员进行沟通

D. 在法律法规允许的情况下解除业务约定

13. 下列有关书面声明作用的说法中，正确的是（　　）。

A. 如果注册会计师不能获取充分、适当的审计证据，可获取书面声明作为审计意见的基础

B. 如果被审计单位管理层已就某事项提供书面声明，可在一定程度上减轻注册会计师的责任

C. 书面声明提供的审计证据需要其他审计证据予以佐证

D. 书面声明提供的审计证据可减少注册会计师应当获取的其他审计证据

14. 在终结审计之前，对于控制风险的最终评估水平，如与初步评估的结论不一致，注册会计师应当（　　）。

A. 重新了解内部控制

B. 考虑是否追加相应的审计程序

C. 重新执行控制测试

D. 重新确定重要性水平和可接受审计风险水平

15. 如果被审计单位是上市实体，下列事项中，注册会计师通常不应与治理层沟通的是（　　）。

A. 已与管理层讨论的审计中出现的重大事项

B. 就审计项目组成员、会计师事务所其他相关人员及会计师事务所按照相关职业道德要求保持了独立性的声明

C. 审计工作中遇到的重大困难

D. 已确定的财务报表整体的重要性

二、多项选择题

1. 首次接受委托业务，注册会计师应当获取充分、适当的审计证据以确定的事项有（　　）。

A. 期初余额不存在对本期财务报表产生重大影响的错报

B. 上期期末余额已正确结转至本期或已在审计调整基础上适当地重新表达

C. 会计政策的一贯性

D. 上期的审计无误

2. 在期初余额审查中注册会计师应关注的关于会计政策的内容有（　　）。

A. 上期会计政策选择的恰当性　　B. 上期会计政策在本期的一贯运用

C. 会计政策在本期的变更　　D. 会计政策在上期运用的结果

3. 可能导致上期期末余额与本期期初余额不一致的情况有（　　）。

A. 上期审计报告公布前发生的业务　　B. 上期审计调整事项

C. 上期审计重分类事项　　D. 上期重大差错更正

4. 在确定有关期初余额的审计证据的充分性和适当性时，注册会计师应考虑的事项有（　　）。

A. 被审计单位运用的会计政策

B. 上期财务报表是否经过审计

C. 账户性质和本期财务报表中的重大错报风险

D. 期初余额对本期财务报表的重要程度

5. 关于期后事项的说法不恰当的有（　　）。

A. 期后事项分为期后调整事项和非调整事项

B. 期后调整事项是期后发生的对上期财务报表有重大影响的事项

C. 期后非调整事项是期后才发生的对理解上期财务报表有重大影响的事项

D. 无论是期后调整事项还是非调整事项都要在报表附注中披露

6. 下列属于期后调整事项的有（　　）。

A. 某财务状况良好的客户期后发生火灾，造成重大损失，可能无法归还所欠货款

B. 某客户在资产负债表日财务状况已经恶化，被审计单位仍然认为可以收回大部分货款，期后该客户宣告破产

C. 资产负债表日前销售的商品因质量问题在期后被退回

D. 期后发现以前期间的重大会计差错

7. 对审计报告日后知悉的可能对财务报表产生重大影响的事实，注册会计师的做法不恰当的有（　　）。

A. 报告已出，无须作任何处理

B. 发布公告作废原来的审计报告

C. 向有关部门反映情况

D. 与被审计单位管理层商讨采取适当的措施

8. 下列有关项目合伙人复核的说法中，正确的是（　　）。

A. 项目合伙人无须复核所有审计工作底稿

B. 项目合伙人通常需要复核项目组对关键领域作出的判断

C. 项目合伙人应当复核与重大错报风险相关的所有审计底稿

D. 项目合伙人应当在审计工作底稿中记录复核的范围和时间

9. 审计人员应该保持应有的职业谨慎，合理运用专业判断，充分关注可能导致对被审计单位持续经营产生重大疑虑的事项或情况，该关注应该在下列阶段中的（　　）。

A. 审计计划阶段　　B. 审计实施阶段

C. 评价审计结果阶段　　D. 审计报告出具后

10. 下列有关注册会计师完成审计工作的描述中，正确的有（　　）。

A. 注册会计师在对被审计单位期后事项和或有事项等进行审计时，往往要向被审计单位的法律顾问和律师进行函证，得到律师声明书，对于律师的函证通常是会计师事务所直接向被审计单位的律师寄发审计询证函

B. 管理层声明书标明的日期通常与审计报告日一致。但在某些情况下，注册会计师也可能在审计过程中或审计报告日后就某些交易或事项获取单独的声明书

C. 管理层声明书标明的日期一定与审计报告日一致

D. 对被审计单位律师的函证通常通过被审计单位向其律师寄发审计询证函的方式实施，而不是会计师事务所寄发

11. 下列有关书面声明的说法中，错误的有（　　）。

A. 管理层对注册会计师所要求的书面声明内容进行了调整，表明管理层没

有提供可靠的书面说明

B. 注册会计师应当要求管理层在书面声明中确认，为作出所要求的书面声明，管理层已进行了适当询问

C. 如果管理层在书面声明中使用限定性语言，注册会计师不应当接受该书面声明

D. 如果在审计报告中提及的所有期间内，现任管理层均未就任，注册会计师仍然需要向现任管理层获取涵盖整个相关期间的书面声明

12. 审计差异内容包括（ ）。

A. 建议调整的不符事项　　B. 不建议调整的不符事项

C. 重分类误差　　D. 核算误差

13. 注册会计师在财务报表公布日后知悉其他信息存在与财务报表重大不一致的情况，但无法确定导致不一致的原因，一般不马上采取的措施有（ ）。

A. 将对其他信息的关注以书面形式告知管理当局

B. 提请被审计单位修改已审报表或其他信息

C. 重新考虑已出具的审计报告的适当性

D. 提请被审计单位调整财务报表或进行适当披露

14. 被审计单位管理当局声明书是注册会计师获取的一种书面证据，管理当局声明书具有的作用包括（ ）。

A. 明确管理当局的会计责任

B. 为审计意见提供间接证据

C. 在一定程度上保护注册会计师

D. 避免注册会计师与管理当局产生误解

15. 报表审计中与被审计单位管理层沟通的事项一般包括（ ）。

A. 计划实施的审计工作的范围和时间

B. 实施审计工作及其结果

C. 审计人员在审计过程中注意到的内部控制重大缺陷

D. 审计人员的责任

三、判断题

1. 由于期初余额是上期财务报表结转过来的结果，应该由上期审计的注册会计师负责，因此本期注册会计师无须对期初余额进行审查。（ ）

2. 未经审计的期初余额比经过审计的期初余额需要实施更多的审计程序。（ ）

3. 期初余额的审计不单独属于某个循环。（ ）

4. 期后董事会通过的利润分配方案中决定分配股利，这属于期后调整事项。（ ）

5. 由于期后事项是在期后发生的，不会影响审计报告的意见类型。（　　）

6. 审计报告日后注册会计师没有责任对财务报表实施审计程序或进行专门调查，所以对这之后知悉的事项也无须作处理。（　　）

7. 区分建议调整的不符事项和不建议调整的不符事项应该从误差的金额角度来考虑。（　　）

8. 审计人员应该与被审计单位管理层商量出具审计报告的意见类型，这属于与管理层沟通审计结果的内容。（　　）

9. 对审计过程中注意到的被审计单位内部控制的重大缺陷，注册会计师应当告知被审计单位管理层。（　　）

10. 被审计单位与管理层沟通的事项及结果应该以书面形式记录下来，并且需要双方签名确认。（　　）

11. 建议调整的不符事项和不建议调整的不符事项都应记录于审计工作底稿中。（　　）

12. 审计计划阶段确定的重要性水平在审计过程中可能有所调整，但终结外勤审计阶段无须再考虑重要性水平问题。（　　）

13. 管理层与治理层不一样，管理层负责编制财务报表，并监督治理层。（　　）

14. 审计人员应当针对审计过程中发现的重大事项向治理层出具书面沟通函，并将沟通的事项记录于工作底稿。（　　）

15. 注册会计师应当对与被审计单位治理层的书面沟通文件负责，第三方由于使用不当造成的损失可以追究注册会计师的责任。（　　）

四、业务题

2019年2月2日瑞华会计师事务所接受东岳公司委托，对其2018年度财务报表进行审计。在审计过程中注册会计师了解到下列情况，被审计单位在财务、经营以及其他方面存在的某些事项或情况可能导致经营风险，这些事项或情况单独或连同其他事项或情况可能导致对持续经营假设产生重大疑虑。(1) 无法偿还到期债务；(2) 存在大额的逾期未缴税金；(3) 累计经营性亏损数额巨大；(4) 过度依赖短期借款筹资；(5) 关键管理人员离职且无人替代；(6) 人力资源短缺。

被审计单位针对上述问题已积极采取包括准备变卖资产、借款或债务重组、削减或延缓开支以及获得新的投资等应对措施，并提交给注册会计师相关应对计划的书面声明，并保证能够持续经营12个月以上。

要求：试论述当注册会计师识别出上述可能导致对持续经营能力产生重大疑虑的事项或情况时，应当如何实施进一步的审计程序。

第十二章

审计报告

学习指导

一、学习要求

1. 了解审计报告的概念，并掌握标准审计报告和非标准审计报告的格式、内容和措辞；

2. 掌握关键审计事项的含义和确定关键审计事项的方法；

3. 理解审计意见的类型和判断标准，并掌握审计报告的编制方法；

4. 了解持续经营的含义，掌握持续经营审计的流程和程序，并理解持续经营审计结论对财务报表审计意见的影响。

二、内容框架

审计报告是指注册会计师根据审计准则的规定，在执行审计工作的基础上，对财务报表发表审计意见的书面文件。注册会计师应该在评价根据审计证据得出的结论的基础上，对财务报表形成审计意见，并通过书面报告的形式清楚地表达审计意见。

注册会计师应当就财务报表是否在所有重大方面按照适用的财务报告编制基础编制并实现公允反映形成审计意见。审计意见的类型包括无保留审计意见和非无保留审计意见。如果认为财务报表在所有重大方面按照适用的财务报告编制基础编制并实现公允反映，注册会计师应当发表无保留意见。如果注册会计师发现根据获取的审计证据，得出财务报表整体存在重大错报的结论，或无法获取充分、适当的审计证据，不能得出财务报表整体不存在重大错报的结论，则注册会计师应当在审计报告中发表非无保留意见。非无保留审计意见包括保留意见、否定意见和无法表示意见。

下表列示了注册会计师对导致发表非无保留意见的事项的性质和这些事项对财务报表产生或可能产生影响的广泛性作出的判断，以及注册会计师的判断对审计意见类型的影响。

导致发表非无保留意见的事项的性质	这些事项对财务报表产生或可能产生影响的广泛性	
	重大但不具有广泛性	重大且具有广泛性
财务报表存在重大错报	保留意见	否定意见
无法获取充分、适当的审计证据	保留意见	无法表示意见

审计报告应当采用书面形式，应当包括下列要素：标题；收件人；审计意见；形成审计意见的基础；管理层对财务报表的责任；注册会计师对财务报表审计的责任；按照相关法律法规的要求报告的事项（如适用）；注册会计师的签名和盖章；会计师事务所的名称、地址和盖章；报告日期。注册会计师应当在审计报告中对与持续经营相关的重大不确定性、关键审计事项、被审计单位年度报告中包含的除财务报表和审计报告之外的其他信息进行报告。注册会计师应当从与治理层沟通的事项中确定在执行审计工作时重点关注过的事项，并确定哪些事项对当期财务报表审计最为重要，从而构成关键审计事项。

注册会计师需就管理层编制财务报表时运用持续经营假设的适当性，获取充分、适当的审计证据，就是否存在与可能导致对被审计单位持续经营能力产生重大疑虑的事项或情况相关的重大不确定性得出结论，并出具审计报告。如果财务报表已按照持续经营假设编制，但根据判断认为管理层在财务报表中运用持续经营假设是不适当的，注册会计师应当发表否定意见。如果运用持续经营假设是适当的，但存在重大不确定性，且财务报表对重大不确定性已作出充分披露，注册会计师应当发表无保留意见，并在审计报告中增加以“与持续经营相关的重大不确定性”为标题的单独部分，以提醒财务报表使用者注意。如果运用持续经营假设是适当的，但存在重大不确定性，且财务报表对重大不确定性未作出充分披露，注册会计师应当恰当发表保留意见或否定意见。

注册会计师在对财务报表形成审计意见后，如果根据职业判断认为有必要在审计报告中增加强调事项段或其他事项段，应通过明确提供补充信息的方式，提醒财务报表使用者关注且加深理解财务报表或审计报告的重要事项。

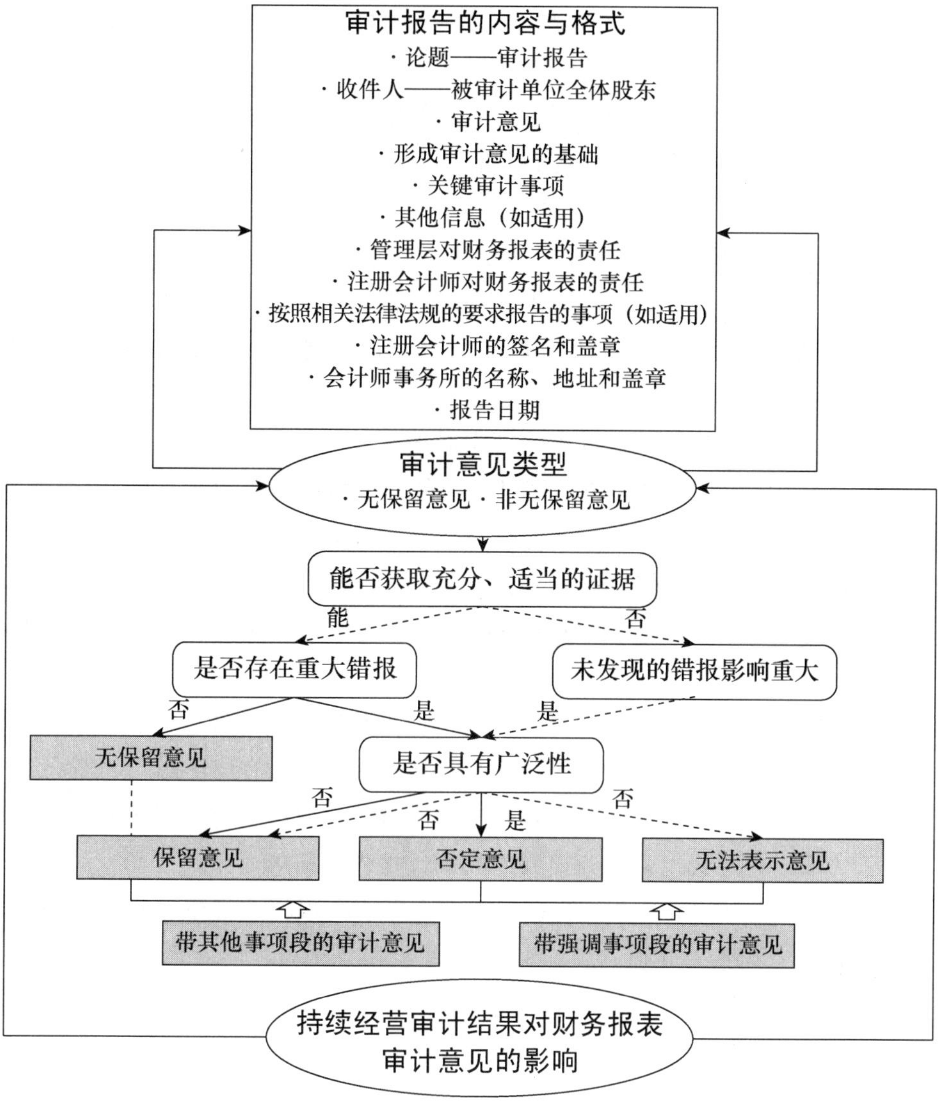

本章内容框架图

本章习题

一、单项选择题

1. 下列有关审计报告日的说法中，错误的是（　　）。

A. 审计报告日可以晚于管理层签署已审计财务报表的日期

B. 审计报告日不应早于管理层书面声明的日期

C. 在特殊情况下，注册会计师可以出具双重日期的审计报告

D. 审计报告日应是注册会计师获取充分、适当的审计证据，并在此基础上对财务报表形成审计意见的日期

2. 如果认为被审计单位在可预见的将来无法持续经营，继续运用持续经营

假设编制财务报表将产生严重错误，但被审计单位对此作了充分披露，注册会计师应当发表（　　）。

A. 带说明段的无保留意见或保留意见

B. 保留意见或无法表示意见

C. 保留意见或否定意见

D. 带说明段的无保留意见或否定意见

3. 在被审计单位年度财务报表公布日后，如获知审计报告日已经存在但尚未发现的期后事项，导致需要修改已审计财务报表，而被审计单位拒绝修改，注册会计师应当（　　）。

A. 向被审计单位的主管部门通报

B. 要求被审计单位撤回已公布的年度财务报表

C. 向政府有关部门报告修改后的年度财务报表

D. 考虑是否修改审计报告

4. 针对下列提及的相关事项，注册会计师认为不需要考虑加强调事项段的是（　　）。

A. 异常诉讼或监管行动的未来结果存在不确定性

B. 提前应用（在允许的情况下）对财务报表有广泛影响的新会计准则

C. 存在已经或持续对被审计单位财务状况产生重大影响的特大灾难

D. 对两套以上财务报表出具审计报告的情形

5. 假如被审计单位管理层就重大影响事项拒绝提供管理当局书面声明，则注册会计师应当出具（　　）。

A. 保留意见或无保留意见的审计报告

B. 保留意见或否定意见的审计报告

C. 保留意见或无法表示意见的审计报告

D. 否定意见的审计报告

6. 被审计单位存在影响持续经营能力的重大疑虑事项而拒绝披露的，注册会计师应该出具的报告类型是（　　）。

A. 保留意见或无保留意见的审计报告

B. 保留意见或否定意见的审计报告

C. 保留意见或无法表示意见的审计报告

D. 否定意见的审计报告

7. 如果注册会计师认为审计范围受到非常重大的影响和限制，注册会计师应该发表（　　）。

A. 保留意见　　B. 否定意见

C. 无法表示意见　　D. 带强调事项的无保留意见

8. 下列不属于财务方面可能导致持续经营能力疑虑的事项或情况的是（ ）。

A. 重要子公司无法持续经营且未进行处理

B. 存在大量长期未作处理的不良资产

C. 失去主要市场、特许权或主要供应商

D. 无法继续履行重大借款合同中的有关条款

9. 下列不属于经营方面可能导致持续经营能力疑虑的事项或情况的是（ ）。

A. 异常原因导致停工、停产　　B. 关键管理人员离职且无人代替

C. 主导产品不符合国家产业政策　　D. 人力资源短缺

10. 下列情况中，注册会计师不应该对被审计单位的财务报表发表无法表示意见的是（ ）。

A. 被审计单位管理当局拒绝出具管理当局声明书

B. 被审计单位的财务报表整体没有按照企业会计准则进行编制

C. 未能就影响财务报表的重大关联方及其交易获取充分、适当的证据

D. 在存有疑虑的情况下，不能就持续经营假设的合理性获取必要的审计证据

11. 下列有关审计报告意见类型的说法中，错误的是（ ）。

A. 如果注册会计师无法获取充分、适当的审计证据以作为形成审计意见的基础，但认为未发现的错报对财务报表可能产生的影响重大但不具有广泛性，则应当出具保留意见的审计报告

B. 如果注册会计师无法获取充分、适当的审计证据以作为形成审计意见的基础，但认为未发现的错报对财务报表可能产生的影响重大且具有广泛性，则应当解除业务约定或出具无法表示意见的审计报告

C. 如果注册会计师无法获取充分、适当的审计证据以作为形成审计意见的基础，但认为未发现的错报对财务报表可能产生的影响重大且具有广泛性，则应当出具保留意见加其他强调事项段的审计报告

D. 如果注册会计师在获取充分、适当的审计证据后认为错报单独或汇总起来对财务报表的影响重大且具有广泛性，则应当出具否定意见的审计报告

12. 下列关于在审计报告中沟通关键审计事项的作用的说法中，错误的是（ ）。

A. 沟通关键审计事项能够为财务报表预期使用者就与已执行审计工作相关的事项进一步与管理层和治理层沟通提供基础

B. 沟通关键审计事项能够为财务报表预期使用者提供额外的信息，以帮助其了解注册会计师根据职业判断认为对本期财务报表审计最为重要的事项

C. 沟通关键审计事项能够帮助财务报表预期使用者了解被审计单位，以及已审计财务报表中涉及重大管理层判断的领域

D. 沟通关键审计事项能够帮助注册会计师了解已审计财务报表中涉及重大管理层判断的领域

13. 下列有关关键审计事项的说法中，正确的是（　　）。

A. 所有上市公司财务报表审计中均有关键审计事项

B. 同一家被审计单位，各年的关键审计数量应当相同

C. 关键审计事项数量不宜过多

D. 关键审计事项通常只有一个

14. 针对在审计报告中沟通关键审计事项，下列说法中错误的是（　　）。

A. 在审计报告中沟通的关键事项必须是已经得到满意解决的事项

B. 关键审计事项是注册会计师根据职业判断，认为对本期财务报表审计最为重要的事项

C. 考虑到为财务报表使用者增加审计信息含量，注册会计师需要对关键审计事项单独发表意见

D. 可能导致对被审计单位持续经营额能力产生重大疑虑的事项不应在审计报告的关键审计事项部分披露

15. 下列各项错报中，通常对财务报表不具有广泛影响的是（　　）。

A. 信息系统缺陷，未将子公司纳入合并范围将会涉及多个财务报表项目而不局限于特定的项目

B. 被审计单位没有将年内收购的一家重要子公司纳入合并范围

C. 针对重要固定资产，被审计单位进行减值测试，没有计提固定资产减值准备

D. 当与披露相关时，产生的影响对财务报表使用者理解财务报表至关重要

二、多项选择题

1. 可以出具带强调事项的意见类型的情况包括（　　）。

A. 存在影响持续经营能力的重大疑虑事项，被审计单位未采取适当的措施

B. 存在影响持续经营能力的重大疑虑事项，被审计单位已采取适当的措施

C. 无法确定持续经营能力重大疑虑事项的影响程度

D. 存在重大不确定性事项

2. 非标准无保留意见有（　　）。

A. 保留意见　　B. 否定意见

C. 无法表示意见　　D. 带强调事项的无保留意见

3. 如果注册会计师认为被审计单位存在对其持续经营能力产生重大疑虑的事项或情况，则其所发表的审计意见的类型可能受到（　　）的影响。

A. 被审计单位对应予披露的事项或情况进行披露的适当性

B. 注册会计师能否确定编制财务报表所依据的持续经营假设是否合理

C. 被审计单位编制财务报表所依据的基本假设

D. 相关事项对被审计单位持续经营能力的影响是否重大

4. 下列情况中注册会计师不能出具无保留意见的审计报告的有（　　）。

A. 被审计单位管理层拒绝就重大事项作出声明

B. 财务报表未按会计准则编制

C. 审计范围受到重大限制

D. 财务报表未完全按会计准则编制，但影响不重大

5. 对已发现的对财务报表具有重大影响的事项，如被审计单位拒绝做调整，注册会计师可能发表的意见类型有（　　）。

A. 否定意见　　B. 保留意见

C. 无法表示意见　　D. 带强调事项的无保留意见

6. 审计范围受到重大限制，注册会计师的做法可能有（　　）。

A. 解除业务委托　　B. 发表保留意见的审计报告

C. 发表无法表示意见的审计报告　　D. 发表否定意见的审计报告

7. 无法表示意见的审计报告与标准无保留意见的审计报告在内容上的区别有（　　）。

A. 引言段　　B. 管理层责任段

C. 注册会计师责任段　　D. 意见段

8. 财务方面存在可能导致对持续经营能力产生疑虑的事项或情况有（　　）。

A. 失去主要市场、特许权或主要供应商

B. 无法偿还到期债务

C. 经营活动产生的现金流量净额为负数

D. 难以获得开发新产品或进行必要投资所需的资金

9. 审查持续经营能力的实质性程序有（　　）。

A. 向被审计单位管理当局询问影响持续经营能力的重大疑虑事项或情况

B. 向被审计单位的法律顾问函证

C. 审阅管理当局针对持续经营能力重大疑虑事项所采取的措施

D. 检查被审计单位董事会有关持续经营能力重大疑虑事项的会议记录

10. 如果被审计单位管理当局拒绝就对财务报表有重大影响的某类事项提供必要的书面声明，或拒绝就重要的口头声明予以书面确认，注册会计师应将其视为审计范围受到重要限制并可能出具的审计报告类型有（　　）。

A. 标准无保留意见　　B. 保留意见

C. 无法表示意见　　D. 否定意见

11. 下列各项错报中，通常对财务报表具有广泛影响的有（　　）。

A. 被审计单位没有披露关键管理人员薪酬

B. 信息系统缺陷导致的应收账款、存货等多个财务报表项目的错报

C. 被审计单位没有将年内收购的一家重要子公司纳入合并范围

D. 被审计单位没有按照成本与可变现净值孰低的原则对存货进行计量

12. 承接审计业务后，如果注意到被审计单位管理层对审计范围施加了限制，且认为这些限制可能导致对财务报表发表保留意见或无法表示意见，注册会计师采取的下列措施中，正确的有（　　）。

A. 要求管理层消除这些限制，如果管理层拒绝消除限制，应当与治理层沟通

B. 如果无法获取充分、适当的审计证据，且未发现的错报（如存在）对财务报表的影响重大且具有广泛性，应当在可行时解除业务约定

C. 如果无法获取充分、适当的审计证据，且未发现的错报（如存在）对财务报表的影响重大且具有广泛性，若解除业务约定不可行，应当发表无法表示意见

D. 如果无法获取充分、适当的审计证据，且未发现的错报（如存在）可能对财务报表的影响重大，但不具有广泛性，应当发表保留意见

13. 下列事项中，注册会计师在确定关键审计事项时可能需要重点关注的有（　　）。

A. 管理层凌驾于控制之上的行为导致的舞弊风险

B. 长期合同收入与费用的确认

C. 重大投资事项

D. 商誉减值测试

14. 针对关键审计事项的下列表述中，错误的有（　　）。

A. 如果确定不存在需要在审计报告中沟通的关键审计事项，则无须与被审计单位治理层沟通

B. 注册会计师应当从与治理层沟通过的事项中确定哪些事项对本期财务报表审计最为重要，从而构成关键审计事项

C. 关键审计事项的应对以对财务报表整体进行审计并形成审计意见为背景，注册会计师不对关键审计事项单独发表意见

D. 如果被审计单位运用持续经营假设是适当的，如存在重大不确定性，且财务报表对重大不确定性已作出充分披露，注册会计师应当在审计报告中“关键审计事项”部分予以反映

15. 下列情形中，注册会计师可能考虑在审计报告增加强调事项段的有（　　）。

A. 异常诉讼或监管行动的未来结果存在不确定性

B. 存在已经对被审计单位财务状况产生重大影响的特大灾难

C. 限制审计报告分发和使用的情形

D. 提前应用（在允许的情况下）对财务报表有广泛影响的新会计准则

三、判断题

1. 为帮助财务报表使用者正确、全面理解相关信息，注册会计师应当在财务报表组成部分的审计报告后附送整体财务报表。 （ ）

2. 审计报告就是查账验证报告，是审计工作的最终成果。 （ ）

3. 审计报告用于公证，不是表达审计意见的方式。 （ ）

4. 审计报告可以明确审计人员的审计责任及存在最大过失法律责任。 （ ）

5. 无法表示意见意味着审计人员拒绝接受委托。 （ ）

6. 存在影响持续经营能力的重大疑虑事项，只要被审计单位已作充分披露，并且提出相应的计划措施，注册会计师就可以发表标准无保留意见的审计报告。 （ ）

7. 无论被审计单位失去了主要供应商、人力资源，还是主要的原材料，都可能导致注册会计师对其持续经营能力产生疑虑。 （ ）

8. 如果被审计单位存在对其持续经营能力产生重大影响的情况，但管理当局计划采取相应的改善措施，且能够消除注册会计师的疑虑，而注册会计师提请被审计单位在财务报表中披露改善措施，但被审计单位拒绝披露，则注册会计师应当在审计报告意见段之后增加强调事项段。 （ ）

9. 注册会计师在审计某公司时，无法对占该公司资产总额20%的固定资产实施盘点，但已获取了管理当局关于固定资产的声明，并且控制测试后评价的控制风险也较低，此时，应发表带强调事项段的无保留意见审计报告。 （ ）

10. 对于未调整事项而言，报表项目层次的重要性是区分无保留意见与保留意见的参照标准，财务报表层次的重要性是区分保留意见与否定意见的参照标准。 （ ）

11. 如果无法获取充分、适当的审计证据以作为形成审计意见的基础，但认为未发现的错报（如存在）对财务报表可能产生的影响重大且具有广泛性，注册会计师应当发表保留意见。 （ ）

12. 如果注册会计师发现根据获取的审计证据，得出财务报表整体存在重大错报的结论，或无法获取充分、适当的审计证据，不能得出财务报表整体不存在重大错报的结论，则注册会计师应当在审计报告中发表非无保留意见。 （ ）

13. 如果财务报表已按照持续经营假设编制，但根据判断认为管理层在财

务报表中运用持续经营假设是不适当的，注册会计师应当发表否定意见。（ ）

14. 注册会计师审计后认为，被审计单位存在应该调整而未调整的事项，则只能发表保留意见的审计报告。（ ）

15. 关键审计事项是指审计师根据职业判断，认为在当期财务报表审计中至关重要的事项。（ ）

四、业务题

1. ABC会计师事务所的A注册会计师负责审计多家上市公司2019年度财务报表，遇到下列与审计报告相关的事项：

(1) A注册会计师对甲公司关联方关系及交易实施审计程序并与治理层沟通后，对是否存在未在财务报表中披露的关联方关系及交易仍存在疑惑，拟将其作为关键审计事项在审计报告中沟通。

(2) A注册会计师在乙公司审计报告日后获取并阅读了乙公司2019年年度报告的最终版本，发现其他信息存在重大错误，与管理层和治理层沟通后，该错误未得到更正。A注册会计师拟重新出具审计报告，指出其他信息存在的重大错报。

(3) ABC会计师事务所首次接受委托，审计丙公司2019年度财务报表。A注册会计师拟在审计报告中增加其他事项段，说明上期财务报表由前任注册会计师审计及其出具的审计报告的日期。

(4) 丁公司2019年发生重大经营亏损。A注册会计师实施审计程序并与治理层沟通，认为可能导致对持续经营能力产生重大疑虑的事项或情况不存在重大不确定性。因在审计工作中对该事项进行过重点关注，A注册会计师拟将其作为关键审计事项在审计报告中沟通。

(5) 戊公司管理层在2019年度财务报表附注中披露了2020年1月发生的一项重大收购。A注册会计师认为该事项对财务报表使用者理解财务报表至关重要，拟在审计报告中增加其他事项段予以说明。

(6) A注册会计师认为，已公司财务报表附注中未技露其对外提供的多项担保，构成重大错报，因拟就已公司持续经营问题对财务报表发表无法表示意见，不再在审计报告中说明披露错报。

要求：针对上述(1)至(6)项，逐项指出A注册会计师的做法是否恰当。如不恰当，简要说明理由。

2. Y公司系公开发行A股的上市公司，2019年3月20日，北京ABC会计师事务所的注册会计师A和B负责完成了对Y公司2018年度财务报表的外勤审计工作。假定Y公司2018年度财务报告于2019年3月27日经董事会批准和管理当局签署，于同日报送证券交易所。2019年4月30日，Y公司召开2018

年度股东大会，审议通过了2018年度财务报告。Y公司采用应付税款法核算所得税，所得税税率为33%，每年分别按净利润的10%和5%提取法定盈余公积和法定公益金。

其他相关资料如下：

资料一：

（1）Y公司未经审计的2018年12月31日资产负债表项目余额如下（金额单位：元）：

项目	年末数	项目	年末数
货币资金	19 264 000	短期借款	1 730 000
应收票据		应付票据	15 000 000
应收账款	30 400 000	应付账款	20 200 000
其他应收款	11 445 000	预收款项	4 690 000
预付款项	4 173 000	应付职工薪酬	207 500
存货	27 956 000	应交税费	5 912 000
其他流动资产		其他应付款	991 000
长期股权投资	3 000 000	其他流动负债	
债权投资		长期借款	4 768 000
固定资产原价	48 772 000	应付债券	
减：累计折旧	11 740 000	长期应付款	
减：固定资产减值准备	5 000 000	其他非流动负债	
在建工程		所得税负债	
无形资产	1 012 500	股本	50 000 000
长期待摊费用		资本公积	9 618 000
其他非流动资产		盈余公积	666 000
		其中：法定公益金	222 000
		未分配利润	15 500 000
		其中：拟分配现金股利	
合计	129 282 500	合计	129 282 500

（2）Y公司未经审计的2018年度利润及利润分配表项目发生额如下（金额单位：元）：

项目	本年累计数
一、主营业务收入	60 000 000
减：主营业务成本	41 000 000
税金及附加	200 000

续表

项目	本年累计数
二、主营业务利润	18 800 000
加：其他业务利润	
减：销售费用	1 750 000
管理费用	3 914 000
财务费用	3 024 716.42
三、营业利润	10 111 283.58
加：投资收益	1 664 000
补贴收入	
营业外收入	
减：营业外支出	32 000
四、利润总额	11 743 283.58
减：所得税费用	3 743 283.58
五、净利润	8 000 000
加：年初未分配利润	7 500 000
六、可供分配的利润	15 500 000
减：提取法定盈余公积	
提取法定公益金	
七、可供投资者分配的利润	15 500 000
减：应付优先股股利	
提取任意盈余公积	
应付普通股股利	
转作股本的普通股股利	
八、未分配利润	15 500 000

资料二：在应付票据项目的审计中，为了确定应付票据余额所对应的业务是否真实，会计处理是否正确，注册会计师A和B拟从Y公司应付票据备查簿中抽取若干笔应付票据业务，检查相关的合同、发票、货物验收单等资料，并检查会计处理的正确性。Y公司应付票据备查簿显示，应付票据项目2018年12月31日的余额为15 000 000元，由72笔应付票据业务构成。根据具体审计计划的要求，注册会计师A和B需从中选取6笔应付票据业务进行检查。

资料三：在对Y公司的审计过程中，注册会计师A和B关注到以下事项：

（1）Y公司原采用余额百分比法计提坏账准备，计提比例为应收款项（包括应收账款和其他应收款）余额的5%。为更合理地核算坏账，Y公司董事会决定自2018年度起改按账龄分析法计提坏账准备，根据债务单位的财务状况、现金流量等情况，确定对应收款项计提坏账准备的比例分别为：账龄 1 年（含 1 年，以下类推）以内的，按其余额的 6%计提；账龄 1～2 年的，按其余额的 30%计提；账龄 2～3 年的，按其余额的 50%计提；账龄 3 年以上的，按其余额的 80%计提。Y 公司 2018 年度未审财务报表尚未根据董事会的决定按账龄分析法计提坏账准备，应收账款和其他应收款相应的坏账准备期末余额分别为 1 600 000 元和 520 000 元，应收账款和其他应收款的期末账面余额分别为 32 000 000 元和 10 400 000 元，其明细余额（单位：元）组成分别为：

项目	1 年以内	1～2 年	2～3 年	3 年以上
应收账款——a 公司	20 150 000			
应收账款——b 公司	−2 000 000			
应收账款——c 公司	600 000		25 760	78 000
应收账款——d 公司	10 000 000	2 160 240	932 000	
应收账款——e 公司		54 000		
小计	28 750 000	2 214 240	957 760	78 000
其他应收款——f 公司	5 250 000			
其他应收款——g 公司	32 000		324 200	2 000
其他应收款——h 公司	6 000 000	245 800		28 000
其他应收款——i 公司	−1 500 000			
小计	9 782 000	245 800	324 200	48 000

（2）Y 公司办公楼于 1999 年 12 月启用，其折旧年限为 20 年，估计残值率为 10%，采用直线法计提折旧。该办公楼 2018 年年初账面原价为 15 000 000 元，累计折旧为 5 400 000 元，固定资产减值准备为 1 500 000 元。2018 年 3—8 月，Y 公司在继续使用该办公楼的同时，耗资 5 000 000 元对其实施更新改造。更新改造完成后的办公楼自 2018 年 9 月起全面投入使用，但并未延长其经济使用寿命，对原估计的残值率和原计提的减值准备也不产生影响。截至 2018 年 12 月 31 日，Y 公司未审财务报表及附注反映该办公楼账面原价为 20 000 000 元，累计折旧为 6 175 000 元，减值准备余额为 1 500 000 元。

（3）Y 公司 2019 年 1 月 5 日为 X 公司 20 000 000 元银行借款提供信用担保。2019 年 2 月 15 日，X 公司因经营期货业务失败造成严重资不抵债，宣告破产清算，无力偿还银行借款。银行因此向法院起诉，要求 Y 公司承担连带担保责任，支付借款本息 20 200 000 元。2015 年 9 月 10 日，法院终审判决银行胜诉，并于 2019 年 3 月 20 日执行完毕。在支付该笔款项当月，Y 公司考虑到无法向 X 公司追偿，将其计入营业外支出。

（4）Y 公司 2018 年度共销售 y 产品 2 500 千克，其中，1 500 千克销售给非关联方，总售价 17 550 000 元（含税，增值税税率为 17%）；1 000 千克销售给控股股东 S 公司，总售价 17 550 000 元（含税，增值税税率为 17%），货款已于 2018 年 12 月全部收取，发货单、发票、商品验收报告和销售合同核对无异常。Y 公司于 2018 年度确认的 S 公司的该项销售收入为 15 000 000 元，销售成本为 9 000 000 元。

（5）2019 年 3 月 27 日，Y 公司董事会审议通过 2018 年度利润分配预案：按 2018 年度审计后净利润的 10% 和 5% 分别计提法定盈余公积和法定公益金；以 2018 年 12 月 31 日总股本为基数，每 20 股送 1 股，派现金 1.25 元；剩余未分配利润滚存至下一年度。资本公积每 10 股转 1 股。

资料四：Z 公司系 Y 公司于 2018 年 1 月 1 日在境外投资设立的联营公司，其 2018 年度以人民币元为金额单位的财务报表反映的资产总额为 45 200 000 元，负债总额为 37 700 000 元，所有者权益总额为 7 500 000 元，主营业务收入为 31 200 000 元，利润总额为 5 200 000 元，净利润为 4 160 000 元。Y 公司出资 1 336 000 元占 Z 公司 40% 的股权比例，对其财务和经营决策具有重大影响，故在 2018 年度财务报表中采用权益法确认了该项投资收益 1 664 000 元。Z 公司 2018 年度财务报表未经其他会计师事务所审计，Y 公司也未同意注册会计师 A 和 B 进行审计的要求。

要求：

（1）针对资料二，假定应付票据备查簿中记载的 72 笔应付票据业务是随机排列的，注册会计师 A 和 B 采用系统选样法选取 6 笔应付票据业务样本，并且确定随机起点为第 7 笔，请判断其余 5 笔应付票据业务分别是哪几笔（要求列示计算过程）。如果上述 6 笔应付票据业务的账面价值为 1 400 000 元，审计后认定的价值为 1 680 000 元，Y 公司 2018 年 12 月 31 日应付票据账面总值为 15 000 000 元，并假定误差与账面价值呈比例关系，请运用比率估计抽样法推断 Y 公司 2018 年 12 月 31 日应付票据的总体实际价值（要求列示计算过程）。

（2）针对资料三事项（1）至（5），结合资料一提供的相关数据，如果不考虑审计重要性水平，并假定资料三事项（2）中，Y 公司办公楼在更新改造期间无须转为在建工程项目核算，请分别判断注册会计师 A 和 B 是否需提出审计处理建议。若需提出审计调整建议，请直接列示审计调整分录（包括报表重分类分录）。审计调整分录均不考虑对期末结转损益的影响。

3. WK 公司系公开上市公司，假定广州 ABC 会计师事务所的注册会计师甲和乙负责对其 2018 年度财务报表进行审计，2019 年 2 月 20 日完成外勤审计工作。假定 WK 公司 2018 年度财务报告于 2019 年 3 月 10 日经董事会批准，并于同日报送证券交易所。

WK 公司未经审计的 2018 年度财务报表中的部分会计资料如下：

项目	金额（万元）
资产总额	42 000
股本	15 000
资本公积——股本溢价	8 000
法定盈余公积	2 000
法定公益金	1 000
未分配利润	6 000
利润总额	3 000
净利润	2 400

注册会计师甲和乙确定 WK 公司 2018 年度财务报表层次的重要性水平为 300 万元，并分配至各财务报表项目，其中部分财务报表项目的重要性水平如下：

财务报表项目	重要性水平（万元）
货币资金	5
应收账款	60
存货	20
长期股权投资	30
固定资产	100
无形资产	20
长期待摊费用	20
应交税费	10
其他应付款	30
预计负债	50

WK 公司会计政策规定，根据债务单位的财务状况、现金流量等情况，对应收款项（包括应收账款和其他应收款）采用账龄分析法计提坏账准备，具体计提比例为：账龄 1 年以内的（含 1 年，以下类推），按其余额的 10%计提；账龄 1～2 年的，按其余额的 30%计提；账龄 2～3 年的，按其余额的 50%计提；账龄 3 年以上的，按其余额的 80%计提。

经审计，注册会计师甲和乙发现 WK 公司存在以下事项：

（1）WK 公司应收 D 公司货款的账面价值为 1 400 万元（账面余额为 2 000 万元，相应的坏账准备为 600 万元），由于 D 公司无法偿还货款，经双方协商后进行债务重组：D 公司以其 1 000 万股普通股（每股面值为 1 元）抵偿该项债务（不考虑相关税费），债务重组日为 2018 年 8 月 1 日。WK 公司据此于 2018 年 8 月 1 日作如下会计处理：借记“长期股权投资——D 公司”1 000 万元、“坏账准备”600 万元、“营业外支出——债务重组损失”400 万元，贷记“应收账款——D 公司”2 000 万元，并拟对该债务重组事项在 2018 年度报表附注中按规定予以披露（D 公司 2018 年度经审计的净利润为 200 万元，未实施利润分配方案）。

（2）E 公司系 WK 公司于 2018 年 1 月 1 日在国外投资设立的联营公司，其

2018年度财务报表反映的净利润为3 600万元。WK公司占E公司45%的股权比例，对其财务和经营政策具有重大影响，故在2018年度财务报表中采用权益法确认了该项投资收益1 620万元。E公司2018年度财务报表未经其他会计师事务所审计，广州ABC会计师事务所也未能审计。

（3）WK公司2018年度审计后的净利润为－1 000万元，2018年12月31日流动负债为29 600万元，资产总额为28 400万元。注册会计师甲和乙经实施必要审计程序后认为WK公司编制2018年度财务报表所依据的持续经营假设是合理的。

（4）注册会计师甲和乙在审计WK公司2017年度财务报表时，通过实施销售的截止测试，发现WK公司2018年1月主营业务收入和成本明细账上记载的一批甲产品的销售业务，在2017年12月已符合销售收入确认条件，因此按有关规定建议作如下审计调整分录：借记“应收账款”1 170万元，贷记“主营业务收入”1 000万元、“应交税费——应交增值税（销项税额）”170万元；同时结转相应的主营业务成本，借记“主营业务成本”900万元，贷记“库存商品——甲产成品”900万元；并补提相应的坏账准备，借记“管理费用——计提的坏账准备”117万元，贷记“坏账准备”117万元。WK公司接受审计调整建议，对2017年度财务报表予以调整，但未对2018年度的相关会计记录进行调整。该笔应收账款在2018年12月1日尚未收回。

（5）WK公司为G公司向银行借款3 000万元提供信用担保。2018年10月，G公司因经营严重亏损，进行破产清算，无力偿还已到期的该笔银行借款。银行因此向法院起诉，要求WK公司承担担保连带责任，支付本息3 200万元。2019年2月5日，法院终审判决银行胜诉，并于2月15日执行完毕。考虑到无法向G公司追偿，WK公司在2019年2月支付该笔款项的同时，将其全额计入当月营业外支出。对上述事项，WK公司拟在2018年度报表附注中按规定予以披露。

（6）2018年8月，WK公司与某广告代理公司签订广告代理合同，委托该公司承办WK公司产品广告业务，包括电视广告和路边广告牌两种形式。广告代理合同约定：电视广告费用360万元，播放时间为2018年9月；路边广告费用为600万元，展示时间为2018年9月至2022年8月共4年，若因故在展示期间中止广告，则代理方应退还未展示期间所分担的广告费用。WK公司于2018年8月支付上述费用计960万元，并且考虑到电视广告的受益期间难以准确界定，于当月将电视广告费与路边广告费用一并计入长期待摊费用，在自2018年9月起的48个月内平均摊入销售费用，2018年度共摊销80万元。

要求：

（1）如果不考虑重要性水平，针对上述事项（1），（3），（4），（5），（6），请分别回答注册会计师甲和乙是否需要提出审计处理建议。若需提出审计调整建议，请直接列示审计调整分录（审计调整分录均不考虑对 WK 公司 2018 年度的企业所得税、期末结转损益及利润分配的影响）。

（2）如果考虑审计重要性水平，假定 WK 公司分别只存在上述 6 个事项中的 1 个事项，并且只接受注册会计师甲和乙对事项（3）提出的审计处理建议（如果有），在不考虑其他条件的前提下，请分别指出注册会计师甲和乙应出具何种类型的审计报告，并简要说明理由。

4. ABC 会计师事务所的 A 注册会计师担任多家被审计单位 2019 年度财务报表审计的项目合伙人，遇到下列事项：

（1）A 注册会计师认为，导致对甲公司持续经营能力产生重大疑虑的事项和情况存在重大不确定性。管理层不同意 A 注册会计师的结论，因此，未在报表附注中作出与其持续经营能力有关的披露。A 注册会计师拟在审计报告中增加其他事项段。

（2）因持续经营能力存在重大不确定性，组成部分注册会计师对乙公司的子公司出具了带强调事项段的无保留意见审计报告。乙公司管理层认为该事项不会对乙公司财务报表产生重大影响。A 注册会计师同意乙公司管理层的判断，拟在无保留意见审计报告中增加其他事项段，提及组成部分注册会计师对子公司出具的审计报告类型、日期和组成部分注册会计师名称。

（3）丙公司大部分采购和销售交易为关联方交易，管理层在 2019 年度报表附注中披露关联方交易价格公允。由于缺乏公开市场数据，A 注册会计师无法对该披露作出评估。鉴于关联方交易对丙公司的经营活动至关重要，A 注册会计师拟在审计报告中增加强调事项段，提请财务报表使用者关注报表附注中披露的关联方交易价格的公允性。

（4）A 注册会计师在阅读丁公司年度报告草稿时，注意到其他信息存在对事实的重大错报，且其他信息需要修改，但管理层拒绝作出修改。因此，A 注册会计师拟在审计报告中增加其他事项段说明这一事项。

（5）戊公司 2019 年度某项重大交易的交易对方很可能是管理层未披露的关联方，A 注册会计师实施了追加审计程序并与治理层沟通后，仍无法证实。A 注册会计师认为，交易对方是否为关联方存在重大不确定性，拟在审计报告中增加强调事项段。

（6）庚公司管理层在报表附注中披露了某项重大会计估计存在高度估计不确定性，A 注册会计师认为该项披露不充分，拟在审计报告中增加强调事项段。

要求：针对上述（1）至（6）项，假定不考虑其他条件，逐项指出 A 注册会计师的做法是否恰当。如不恰当，简要说明理由。

第十三章

内部控制审计

学习指导

一、学习要求

1. 了解内部控制审计与整合审计的概念，并理解财务报表审计与内部控制审计的区别与联系；

2. 了解内部控制审计的主要步骤，并掌握内部控制审计的计划工作和内部控制缺陷的类型；

3. 掌握标准内部控制审计报告和非标准内部控制审计报告的格式、内容和措辞；

4. 掌握内部控制审计意见的类型及其判断标准，并理解内部控制审计意见与财务报表审计意见的区别与联系。

二、内容框架

本章主要讨论了内部控制审计和整合审计的概念，进行内部控制审计的主要步骤，以及内部控制审计报告的类型和审计意见的判断标准。

内部控制审计是指会计师事务所接受委托，对特定基准日内部控制设计与运行的有效性进行审计。而整合审计是由同一家会计师事务所对被审计单位进行财务报表审计和内部控制审计进行整合。建立健全和有效实施内部控制，评价内部控制的有效性是企业董事会的责任。注册会计师执行内部控制审计工作，应当获取充分、适当的证据，为发表内部控制审计意见提供合理保证。

内部控制审计工作包括计划审计工作、实施审计工作、评价控制缺陷、完成审计工作、出具审计报告和记录审计工作等步骤。

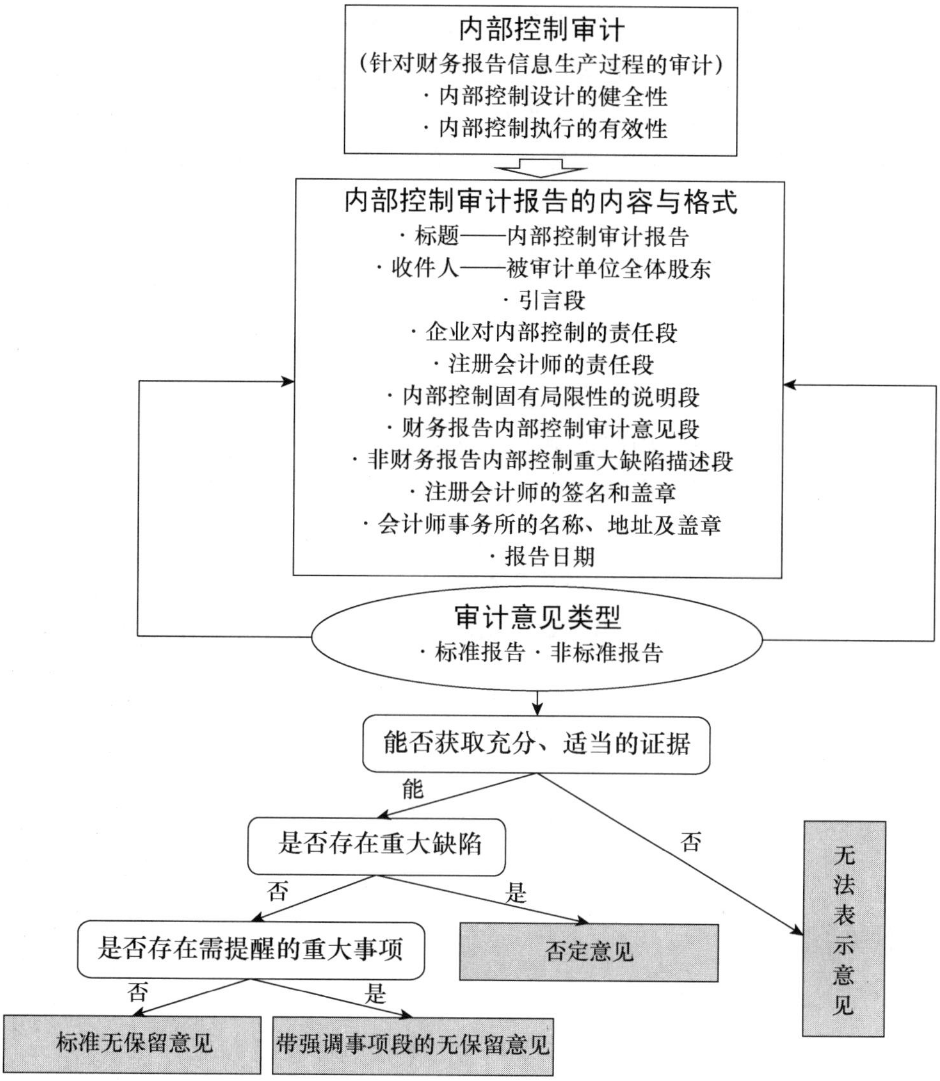

本章内容框架图

在制定内部控制审计的计划阶段，注册会计师应当以风险评估为基础，选择拟测试的控制，确定测试所需收集的证据。内部控制的特定领域存在重大缺陷的风险越高，给予该领域的审计关注就越多。

内部控制缺陷按其成因分为设计缺陷和运行缺陷。设计缺陷是指企业缺少为实现控制目标的必须控制，或现存的控制并不合理及未能满足控制目标。运行缺陷是指设计合理及有效的内部控制，但在运作上没有被正确地执行。

内部控制缺陷按其影响程度分为重大缺陷、重要缺陷和一般缺陷。重大缺陷也称实质性漏洞，是指一个或多个控制缺陷的组合，可能严重影响内部整体控制的有效性，进而导致企业无法及时防范或发现严重偏离整体控制目标的情形。重要缺陷是指一个或多个一般缺陷的组合，其严重程度低于重大缺陷，但导致企业无法及时防范或发现严重偏离整体控制目标的严重程度依然重大，需引起管理层关注。一般缺陷是指除重要缺陷、重大缺陷外的其他缺陷。

注册会计师完成审计工作后，应当取得经企业签署的书面声明并出具内部控制审计报告。标准内部控制审计报告应当包括下列要素：标题；收件人；引言段；企业对内部控制的责任段；注册会计师的责任段；内部控制固有局限性的说明段；财务报告内部控制审计意见段；非财务报告内部控制重大缺陷描述段（仅限重大缺陷）；注册会计师的签名和盖章；会计师事务所的名称、地址及盖章；报告日期。

内部控制审计报告包括标准内部控制审计报告和非标准内部控制审计报告两种，其中非标准内部控制审计报告包括带强调事项段的非标准内部控制审计报告、否定意见的内部控制审计报告和无法表示意见的内部控制审计报告。

当注册会计师认为财务报告内部控制虽不存在重大缺陷，但仍有一项或者多项重大事项需要提请内部控制审计报告使用者注意时，应当在内部控制审计报告中增加强调事项段予以说明，并出具带强调事项段的非标准内部控制审计报告。当注册会计师认为财务报告内部控制存在一项或多项重大缺陷时，除非审计范围受到限制，应当对财务报告内部控制发表否定意见。当注册会计师审计范围受到限制时，应当解除业务约定或出具无法表示意见的内部控制审计报告，并就审计范围受到限制的情况，以书面形式与董事会进行沟通。

本章习题

一、单项选择题

1. 在进行内部控制审计时，内部控制的特定领域存在（　　）的风险越高，给予该领域的审计关注就越多。

A. 设计缺陷　　B. 重大错报风险

C. 重大缺陷　　D. 一般缺陷

2. 注册会计师可以接受委托对特定日期与财务报表相关的内部控制进行审计，其发表审计意见的对象是（　　）。

A. 内部控制的有效性　　B. 内部控制的一贯性

C. 内部控制的合理性　　D. 内部控制的完整性

3. 注册会计师应当按照（　　）方法实施审计工作，该方法是注册会计师识别风险、选择拟测试控制的基本思路。

A. 风险导向　　B. 自上而下

C. 测试基础　　D. 自下而上

4. 下列对企业内部控制审计的理解中，错误的是（　　）。

A. 企业内部控制审计是注册会计师针对特定基准日内部控制涉及与运行的有效性进行的审计

B. 企业内部控制审计是指会计师事务所接受委托，对企业某一期间内部控制设计与运行的有效性进行审计

C. 在内部控制审计中，注册会计师对内部控制有效性形成结论时，应当同时考虑财务报表审计中实施的所有针对控制设计和运行有效性测试的结果

D. 在内部控制审计中，注册会计师应当评价财务报表审计中实施的实质性程序的结果对控制有效性结论的影响

5. 注册会计师执行内部控制审计时，下列有关识别重要账户、列报及相关认定的说法中，错误的是（　　）。

A. 注册会计师应当从定性和定量两个方面识别重要账户、列报及其相关认定

B. 在识别重要账户、列报及相关认定时，注册会计师应当确定重大错报的可能来源

C. 注册会计师通常将超过财务报表整体重要性的账户认定为重要账户

D. 在识别重要账户、列报及其相关认定时，注册会计师应当考虑控制的影响

6. 注册会计师认为财务报告内部控制虽不存在重大缺陷，但仍有一项或者多项重大事项需要提请内部控制审计报告使用者注意的，应当在内部控制审计报告中增加（　　）予以说明。

A. 责任说明段　　B. 审计意见段

C. 强调事项段　　D. 其他事项段

7. 注册会计师认为财务报告内部控制存在一项或多项重大缺陷的，除非审计范围受到限制，应当对财务报告内部控制发表（　　）。

A. 无保留意见　　B. 保留意见

C. 否定意见　　D. 无法表示意见

8. 注册会计师不能确定期后事项对内部控制有效性的影响程度的，应当出具（　　）的内部控制审计报告。

A. 无保留意见　　B. 保留意见

C. 否定意见　　D. 无法表示意见

9. 针对内部控制审计，下列关于被审计单位和注册会计师的责任的说法中，错误的是（　　）。

A. 注册会计师只有实施了必要的审计程序，才能对财务报告内部控制的有效性发表意见

B. 建立健全和有效实施内部控制是被审计单位董事会的责任

C. 按照《企业内部控制审计指引》的要求，在实施审计工作的基础上，对财务报告内部控制的有效性发表审计意见，并对注意到的非财务报告内部控制的重大缺陷进行披露是注册会计师的责任

D. 注册会计师应当对整个内部控制的有效性发表审计意见

10. 在执行内部控制审计时，下列有关注册会计师选择拟测试的控制的说法中，错误的是（　　）。

A. 注册会计师应当选择测试时对形成内部控制审计意见有重大影响的控制

B. 注册会计师无须测试即使有权限也合理预期不会导致财务报表重大错报的控制

C. 注册会计师选择拟测试的控制，应当涵盖企业管理层在执行内部控制自我评价时测试的控制

D. 注册会计师通常选择能够为一个或多个重要账户或列报的一个或多个相关认定提供最有效果或最有效率的证据的控制进行测试

二、多项选择题

1. 内部控制的运行缺陷是指（　　）。

A. 设计适当的控制没有按设计意图运行

B. 现有控制设计不适当，即使正常运行也难以实现控制目标

C. 执行人员缺乏必要授权或专业胜任能力，无法有效实施控制

D. 缺少为实现控制目标所必需的控制

2. 内部控制缺陷是指监督检查过程中发现的（　　）情形。

A. 内部控制的设计存在漏洞

B. 内部控制运行存在弱点与偏差

C. 不能及时发现并纠正错误与舞弊

D. 不能有效防范错误与舞弊

3. 下列说法中正确的有（　　）。

A. 为了节约审计资源，注册会计师可以对同一家企业提供咨询的同时为其提供内部控制审计服务

B. 建立健全和有效实施内部控制，评价内部控制的有效性是企业董事会的责任。而注册会计师的责任是对内部控制的有效性发表审计意见

C. 注册会计师应当对非财务报告内部控制的重大缺陷，在内部控制审计报告中增加描述段予以披露

D. 注册会计师应当对财务报表内部控制的有效性发表审计意见

4. 下列情况中属于设计缺陷的有（　　）。

A. 规定更换库房保管员时要盘点核实库存，但没有规定要交接双方一同进行

B. 规定要对大宗物料供应商实地考察，但对必须考察的生产现场缺少核实办法

C. 规定使用清澈的酒精溶液清洗容器，但未提供酒精溶液清澈的判断标准

D. 规定审核研发产品的技术先进性，但研发人员并不提供技术先进性的证据及证明

5. 下列有关财务报表审计与内部控制审计的共同点的说法中，正确的有（　　）。

A. 两者识别的重要账户、列报及相关认定相同

B. 两者的审计报告意见类型相同

C. 两者了解和测试内部控制设计和运行有效性的审计程序类型相同

D. 两者测试内部控制运行有效性的范围相同

6. 在整合审计中，注册会计师应当对内部控制设计与运行的有效性进行测试，以同时实现（　　）目标。

A. 合理确定审计风险水平

B. 获取充分、适当的证据，支持其在内部控制审计中对内部控制有效性发表的意见

C. 获取充分、适当的证据，支持其在财务报表审计中对控制风险的评估结果

D. 对内部控制有效性有初步的了解

7. 在内部控制审计的计划工作阶段，注册会计师应当评价（　　）对内部控制、财务报表以及审计工作的影响。

A. 企业组织结构、经营特点和资本结构等相关重要事项

B. 可获取的、与内部控制有效性相关的证据的类型和范围

C. 与企业沟通过的内部控制缺陷

D. 相关法律法规和行业概况

8. 在执行内部控制审计时，如果审计范围受到限制，导致注册会计师无法获取充分、适当的审计证据，下列做法中正确的有（　　）。

A. 在内部控制审计报告中指明已执行的有限程序

B. 出具无法表示意见的内部控制审计报告

C. 在内部控制审计报告中对在已执行的优先程序中发现的内部控制重大缺陷进行详细说明

D. 在内部控制审计报告中指明审计范围受到限制

9. 同时满足（　　），注册会计师应当对财务报告内部控制出具无保留意见的内部控制审计报告。

A. 财务报表审计后未发现财务报表存在重大错报

B. 内部控制审计中未注意到非财务报告内部控制存在重大缺陷

C. 注册会计师已经按照《企业内部控制审计指引》的要求计划和实施审计工作，在审计过程中未受到限制

D. 企业按照《企业内部控制基本规范》《企业内部控制应用指引》《企业内部控制评价指引》以及企业自身内部控制制度的要求，在所有重大方面保持了有效的内部控制

10. 注册会计师对在审计过程中注意到的非财务报告内部控制缺陷，作出的适当的处理是（　　）。

A. 注册会计师应当考虑对财务报告内部控制审计意见的影响，必要时对财务报告内部控制发表保留意见或否定意见

B. 注册会计师认为非财务报告内部控制缺陷为重要缺陷的，应当以书面形式与企业董事会和经理层沟通，提醒企业加以改进，但无须在内部控制审计报告中说明

C. 注册会计师认为非财务报告内部控制缺陷为一般缺陷的，应当与企业进行沟通，提醒企业加以改进，但无须在内部控制审计报告中说明

D. 注册会计师认为非财务报告内部控制缺陷为重大缺陷的，应当以书面形式与企业董事会和经理层沟通，提醒企业加以改进；同时应当在内部控制审计报告中增加非财务报告内部控制重大缺陷描述段，对重大缺陷的性质及其对实现相关控制目标的影响程度进行披露，提示内部控制审计报告使用者注意相关风险

11. 在执行内部控制审计时，下列有关非财务报告内部控制重大缺陷的说法中，正确的有（　　）。

A. 注册会计师应当以书面形式与被审计单位董事会沟通发现的非财务报告内部控制重大缺陷

B. 非财务报告内部控制重大缺陷不影响内部控制审计报告的意见类型

C. 注册会计师可以以书面或口头形式与被审计单位经理层沟通发现的非财务报告内部控制重大缺陷

D. 注册会计师应当在内部控制审计报告中披露非财务报告内部控制重大缺陷

12. 针对企业内部控制审计中控制测试的涵盖期间，下列说法中正确的有（　　）。

A. 对控制有效性的测试涵盖的期间越长，提供的控制有效性的审计证据越多

B. 针对所有重要账户和列报的每个相关认定，注册会计师应当至少三年测试一次

C. 在整合审计中，控制测试所涵盖的期间应当尽量与财务报表审计中拟信赖内部控制的期间保持一致

D. 如果已获取有关控制在期中运行有效性的审计证据，注册会计师应当确定还需要获取哪些补充审计证据，以证实剩余期间控制的运行情况

13. 针对企业内部控制审计，下列属于注册会计师具体审计计划内容的有（　　）。

A. 测试控制设计有效性的程序的性质、时间安排和范围

B. 考虑初步业务活动的结果

C. 了解和识别内部控制的程序的性质、时间安排和范围

D. 测试控制运行有效性的程序的性质、时间安排和范围

14. 针对企业内部控制审计，注册会计师应当在总体审计策略中体现的内容有（　　）。

A. 根据职业判断，考虑用以指导项目组工作方向的重要因素

B. 确定执行业务所需资源的性质、时间安排和范围

C. 确定审计业务特征，以界定审计范围

D. 明确审计业务的报告目标，以计划审计的时间安排和所需沟通的性质

15. 下列属于针对凌驾风险采用的控制有（　　）。

A. 针对关联方交易的控制

B. 与管理层的重大估计相关的控制

C. 建立内部举报投诉制度

D. 能够减弱管理层不恰当操纵财务结果的动机及压力的控制

三、判断题

1. 注册会计师执行内部控制审计工作，应当获取充分、适当的证据，为发表内部控制审计意见提供绝对保证。（　　）

2. 注册会计师必须将内部控制审计与财务报表审计整合进行。（　　）

3. 注册会计师应当评价其识别的各项内部控制缺陷的严重程度，以确定这些缺陷单独或组合起来是否构成重大缺陷。（　　）

4. 在连续审计中，注册会计师在确定测试的性质、时间安排和范围时，无须考虑以前年度执行内部控制审计时了解的情况。（　　）

5. 注册会计师应当对财务报告内部控制和非财务报告内部控制的有效性发表审计意见。（　　）

6. 在内部控制审计中，注册会计师应当根据重要性和审计风险水平，确定拟实施审计程序的性质、时间安排和范围，获取充分、适当的证据。（　　）

7. 如果某项控制正在按照设计运行，执行人员拥有必要授权和专业胜任能力，能够实现控制目标，表明该项控制的设计是有效的。（　　）

8. 内部控制审计是指会计师事务所接受委托，对特定基准日内部控制设计与运行的有效性进行审计。（ ）

9. 在审计内部控制时，注册会计师应当以风险评估为基础，选择拟测试的控制，确定测试所需收集的证据。（ ）

10. 在评估企业内部控制自我评价工作中，与某项控制相关的风险越高，可利用程度就越低，注册会计师应当更多地对该项控制亲自进行测试。（ ）

四、业务题

1. A 注册会计师负责对甲公司 2019 年的内部控制进行审计。在审计工作底稿中记录了内部控制审计的一些情况，有关内容摘录如下：

(1) 为了提高内部控制审计的效率，直接利用企业内部审计人员、内部控制评价人员和其他相关人员的工作。

(2) 在实施审计工作时，将企业层面控制和业务层面控制的测试结合进行。

(3) 与企业沟通审计过程中识别的所有控制缺陷，对于其中的重大缺陷，以书面的形式与董事会和经理层沟通。

(4) 注册会计师完成审计工作后，要求企业提供书面声明，但是企业以其他不当理由回避书面声明，因此注册会计师发表了否定意见的内部控制审计报告。

要求：针对上述事项 (1) 至 (4)，逐项指出 A 注册会计师的做法是否恰当。如不恰当，请简要说明理由。

2. A 注册会计师负责对乙公司 2019 年的内部控制进行审计，经审计 A 注册会计师发现：

(1) 被审计单位乙公司的财务报告内部控制不存在重大缺陷，但是非财务报告内部控制仍有一项重大事项需要提请内部控制审计报告使用者注意。

(2) 被审计单位乙公司财务报告内部控制存在一项或多项重大缺陷，且审计范围受到限制。

(3) 注册会计师审计范围因管理层不配合受到限制，且就该情况与董事会进行沟通仍未得到解决。

(4) 企业按照《企业内部控制基本规范》《企业内部控制应用指引》《企业内部控制评价指引》以及企业自身内部控制制度的要求，在所有重大方面保持了有效的内部控制且注册会计师已经按照《企业内部控制审计指引》的要求计划和实施审计工作，在审计过程中未受到限制。

要求：假定事项 (1) 至 (4) 均为独立事项，指出 A 注册会计师应该发表何种内部控制审计报告。

3. ABC 会计师事务所的 A 注册会计师担任多家公司 2019 年度内部控制审计的项目合伙人，遇到下列有关内部控制审计报告的事项：

（1）针对甲公司非财务报告内部控制的一个重大缺陷，在审计范围未受到限制的情形下，A 注册会计师拟对甲公司 2019 年度内部控制发表否定意见。

（2）针对乙公司内部控制存在的一项重大事项需要提醒内部控制审计报告使用者注意，A 注册会计师重点关注过该事项，因此在内部控制审计报告中作为关键审计事项予以沟通。

（3）某项自动化应用控制对丙公司的经营效率具有重大不利影响，A 注册会计师认为该缺陷构成非财务报告内部控制重大缺陷，未与丙公司相关人员进行沟通，拟直接在审计报告中增加相应描述段，提示内部控制审计报告使用者注意相关风险。

（4）由于审计范围受到限制，A 注册会计师计划对丁公司出具保留意见或者无法表示意见的内部控制审计报告。

（5）针对知悉的在基准日并不存在但在期后发生的，对 2019 年度戊公司内部控制有效性存在重大负面影响的期后事项，A 注册会计师在无保留意见的内部控制审计报告中增加了强调事项段，提醒审计报告使用者关注。

（6）针对戌公司内部控制评价报告对要素的列报不恰当的情况，A 注册会计师出具了否定意见的内部控制审计报告。

要求：针对上述（1）至（6）项，假定均为独立事项，不考虑其他条件，逐项指出 A 注册会计师的做法是否恰当。如不恰当，简要说明理由。

综合模拟试题

一、单项选择题（每小题 1 分，共 15 分）

1. 民间审计最显著的特点是（　　）。

A. 独立性　　B. 强制性　　C. 广泛性　　D. 针对性

2. 下述不属于审计总体计划的内容的是（　　）。

A. 确定审计业务的特征、审计业务范围

B. 明确审计业务的报告目标，计划工作的时间安排

C. 确定实施风险评估程序的性质、时间安排和范围

D. 考虑影响审计业务的重要因素

3. 如果注册会计师在执行审计业务过程中识别出的情况使其认为文件记录可能是伪造的，根据职业怀疑的要求，注册会计师的下列处理方法中，不恰当的是（　　）。

A. 向第三方询证，获取证据确定文件是否属于伪造

B. 直接认定财务报表存在舞弊，解除业务约定

C. 质疑管理层的诚信与正直，考虑是否存在舞弊

D. 利用专家的工作，进一步证实文件真伪

4. 下列关于审计证据的说法不正确的是（　　）。

A. 审计证据所需数量与账户的重要性成正比关系

B. 审计证据所需数量与内部控制的有效性成正比关系

C. 内部控制越有效，所需的审计证据数量越少

D. 审计证据的获取受到成本效益原则的制约

5. 关于了解被审计单位及其环境的内容，下列事项中不恰当的是（　　）。

A．了解被审计单位对会计政策的选择和运用
B．了解被审计单位所在行业状况、法律与监管环境以及其他外部因素
C．了解被审计单位的性质
D．了解被审计单位的目标、战略以及所有的经营风险

6．内部控制无论如何设计和执行，均只能对财务报告的可靠性提供合理保证，其原因是（　　）。

A．人为失误而导致内部控制失效
B．治理层对内部控制的设计和执行负有监督责任
C．建立和维护内部控制是被审计单位管理层的职责
D．对资产和记录采取适当的安全保护措施是被审计单位管理层应当履行的经营责任

7．下述情况中注册会计师不应该对被审计单位的财务报表发表无法表示意见的是（　　）。

A．被审计单位管理当局拒绝出具管理当局声明书
B．被审计单位的财务报表整体没有按照企业会计准则进行编制
C．未能就影响财务报表的重大关联方及其交易获取充分、适当的证据
D．在存有疑虑的情况下，不能就持续经营假设的合理性获取必要的审计证据

8．关于检查风险，下列说法中不能认同的是（　　）。

A．检查风险的控制效果取决于审计程序设计的合理性和执行的有效性
B．在既定的审计风险水平下，可接受的检查风险水平与认定层次重大错报风险的评估结果成反向关系
C．注册会计师应当合理设计审计程序的性质、时间安排和范围，并有效执行审计程序，以控制检查风险
D．在既定审计风险水平下，可接受的检查风险与注册会计师所需的审计证据成同向关系

9．下列情形中注册会计师小张执行审计业务时无须回避的是（　　）。

A..被审计单位的财务总监是小张的大学同班同学
B．被审计单位的总经理是小张的姐姐
C．小张一年前曾为被审计单位的财务总监
D．小张现为被审计单位的独立董事

10．下列事项中没有违反不相容职责分离控制原则的是（　　）。

A．银行存款出纳员同时编制银行存款余额调节表
B．现金出纳员同时登记现金日记账
C．出纳人员兼任支出明细账的登记工作

D. 现金出纳员同时审核原始凭证、编制记账凭证

11. 假设甲公司 2019 年 12 月 31 日（财务报表日）资产负债表中存货项目期末余额为 800 万元，以下对认定的理解中不正确的是（　　）。

A. 甲公司 12 月 31 日的资产中所记录的存货 800 万元是存在的，表明存货账面记录没有多记，如果注册会计师以该账面记录为起点，则能够追踪到对应的存货实物

B. 甲公司记录的存货均由其拥有或控制，表明存货资产都在甲公司存放

C. 甲公司所有应当记录的存货均已记录在 800 万元中，表明甲公司实际存在的并且所有权属于甲公司的存货已经记录在资产负债表中，没有少记

D. 甲公司存货以恰当的金额 800 万元记录在资产负债表中，与之相关的计价调整已恰当记录，表明甲公司存货在资产负债表中的金额是正确的，并且已经对存货进行了期末减值测试

12. 在利用以前年度获取的审计证据时，下列说法中错误的是（　　）。

A. 对于不属于旨在减轻特别风险的控制，如果在本年未发生变化，且上年经测试运行有效，则本次审计中无须测试

B. 对于旨在减轻特别风险的控制，如果在本年未发生变化，则可以依赖上年的测试结果

C. 如果相关事项未发生重大变化，则上年通过实质性程序获取的审计证据可能可以作为本年的有效审计证据

D. 一般而言，上年通过实质性程序获取的审计证据对本年只有很弱的证据效力或没有证据效力

13. 下列对收入交易导致舞弊风险的判断中，错误的是（　　）。

A. 如果管理层难以实现预期的利润目标，则可能高估收入，营业收入发生认定存在较大舞弊风险

B. 如果管理层难以实现预期的利润目标，则可能高估收入，营业收入完整性认定通常不存在舞弊风险

C. 如果管理层隐瞒收入，则营业收入完整性认定存在较大的舞弊风险

D. 如果被审计单位难以达到本年度的销售目标，则可能提前确认营业收入，营业收入发生认定存在较大的舞弊风险

14. 下列控制活动中，与营业收入发生认定直接相关的是（　　）。

A. 销售交易是以经过审核的发运凭证及经过批准的客户订购单为依据登记入账的

B. 每月月末由独立人员对销售部门的销售记录、发运部门的发运记录和财务部门的销售交易入账情况作内部核查，以确认销售交易是否及时入账

C. 销售价格、付款条件、运费和销售折扣的确定已经适当的授权批准

D. 销售发票均经事先编号，并已登记入账

15. 注册会计师采用比率估计抽样法推断存货项目的总体错报，假定样本的账面金额是 50 000 元，样本规模为 200 个，审计确定样本的实际金额是 50 500 元，存货总体的账面金额是 300 000 元，总体规模为 1 000 个，则推断的总体错报金额为（　　）元。

A. 2 500　　B. 3 000　　C. 3 500　　D. 4 000

二、多项选择题（每题 2 分，共计 30 分，错选、漏选均不得分）

1. 下列认定中，属于与各类交易和事项相关的有（　　）。

A. 完整性　　B. 准确性　　C. 截止和分类　　D. 存在

2. 注册会计师应当针对评估的认定层次重大错报风险设计和实施进一步审计程序，进一步审计程序是注册会计师针对评估的各类交易、账户余额、列报认定层次重大错报风险实施的审计程序，具体包括（　　）。

A. 细节测试　　B. 控制测试

C. 风险评估程序　　D. 实质性分析程序

3. 下列对重要性的陈述中，恰当的有（　　）。

A. 在计划审计工作时，注册会计师应当确定财务报表整体的重要性水平

B. 注册会计师需要在审计执行过程中不断修正计划的重要性水平

C. 实际执行的重要性高于计划的重要性

D. 实际执行的重要性低于计划的重要性

4. 影响审计效果的抽样风险包括（　　）。

A. 信赖过度风险　　B. 信赖不足风险

C. 误受风险　　D. 误拒风险

5. 在审计风险模型中，以下有关检查风险的说法中，恰当的有（　　）。

A. 在审计风险确定的情况下，认定层次重大错报风险与可接受的检查风险成反向关系

B. 检查风险的控制效果取决于设计的审计程序的合理性和执行审计程序的有效性

C. 在既定的审计风险水平下，可接受的检查风险与财务报表层次重大错报风险的评估结果成正向关系

D. 注册会计师将可接受的检查风险水平降低会影响其审计程序

6. 了解被审计单位及其环境的程序有（　　）。

A. 询问被审计单位的管理层及其他相关人员

B. 监督盘点有关资产

C. 执行分析性程序

D. 观察和检查程序

7. 下列有关管理层责任的说法中，正确的有（　　）。

A. 被审计单位管理层应当负责设计、执行和维护必要的内部控制

B. 被审计单位管理层要对提供资料的真实性、完整性以及合法性负责

C. 被审计单位应向注册会计师提供必要的工作条件，包括允许注册会计师接触与编制财务报表相关的信息

D. 若管理层不认可或不理解其对财务报表的责任，注册会计师只能考虑出具非无保留意见

8. 下列有关注册会计师了解经营风险的说法中，恰当的有（　　）。

A. 所有经营风险都与财务报表重大错报风险相关

B. 经营风险最终都会产生财务后果，从而影响财务报表

C. 经营风险可能对某些交易、账户余额和披露认定产生重大而且直接的影响

D. 经营风险可能源于不恰当的目标和战略

9. 下列不属于采购与付款核算中的舞弊行为的有（　　）。

A. 应收账款坏账准备计提不合理

B. 利用应付账款骗取回扣，将折扣私分或留存“小金库”

C. 把属于供货方多发等原因造成的商品溢余私分或账外出售后作为“小金库”处理

D. 销售成本结转不实，与销售收入不配比

10. 下列审计程序中常被用于控制测试的有（　　）。

A. 观察　　B. 询问　　C. 检查　　D. 重新计算

11. 下列有关控制测试程序的说法中，恰当的有（　　）。

A. 注册会计师对内部控制的了解可以代替对控制运行有效性的测试

B. 针对旨在减轻特别风险的控制，不论该项控制在本期是否发生变化，注册会计师均应当在每次审计中都测试这些控制

C. 如果认为仅实施实质性程序获取的审计证据无法应对重大错报风险，注册会计师应当实施相关的控制测试，以获取控制运行有效的审计证据

D. 当拟实施的进一步审计程序主要以控制测试为主，注册会计师应当获取有关控制运行有效性的更高的保证水平

12. 以下关于销售与收款业务流程中，按销售单供货的控制活动与认定的说法中，正确的有（　　）。

A. 仓库部门必须根据已批准的销售单供货

B. 出库单的连续编号与营业收入准确性认定有关

C. 仓库部门根据已批准的销售单供货能够有效控制发货的真实性，与营业收入发生认定相关

D. 仓库部门根据已批准的销售单供货，并且编制连续编号的出库单与营业收入发生和完整性认定相关

13. 下列有关编制付款凭单环节控制活动的说法中，正确的有（　　）。

A. 付款凭单的连续编号与外购固定资产或存货准确性、计价与分摊认定最相关

B. 独立检查付款凭单计算的正确性

C. 付款凭单必须由被授权人员签字，否则不能执行付款

D. 确定供应商发票的内容与相关的验收单、订购单的一致性

14. 如果注册会计师对被审计单位年报前 11 个月的某项控制的运行有效性进行了测试，为了得到该项控制在全年是否运行有效的结论，下列审计程序中恰当的有（　　）。

A. 对该项控制在最后一个月运行有效性进行补充测试

B. 获取该项控制在最后一个月变化情况的审计证据

C. 测试被审计单位对该项控制的监督

D. 向被审计单位管理层询问最后一个月该项控制的运行情况

15. 属于期后调整事项的有（　　）。

A. 期后发现以前期间的重大会计差错

B. 资产负债表日前销售的商品因质量问题在期后被退回

C. 某财务状况良好的客户期后发生火灾，造成重大损失，可能无法归还所欠货款

D. 某客户在资产负债表日财务状况已经恶化，被审计单位仍然认为可以收回大部分货款，期后该客户宣告破产

三、判断题（每题 1 分，共 10 分）

1. 审计的目的是改变财务报表的质量，消除使用财务报表的信息风险。（　　）

2. 如果管理层未能实施控制以恰当应对特别风险，注册会计师应当认为内部控制存在重大缺陷，并考虑其对风险评估的影响。在此情况下，注册会计师应当考虑此类事项依赖的相关控制的有效性，并对其进行了解、评估和测试。（　　）

3. 合伙型会计师事务所的特点之一是合伙人以各自出资额的比例为限承担责任。（　　）

4. 审计业务约定书双方中，一方是指注册会计师，另一方是委托单位的法人代表或授权代表。（　　）

5. 由于期初余额是上期财务报表结转过来的结果，应该由上期审计的注册会计师负责，因此本期注册会计师无须对期初余额进行审查。（　　）

6. 注册会计师执行内部控制审核业务与执行财务报表审计时为了确定控制风险水平所进行的内部控制了解和测试是相同的。（　　）

7. 检查风险不仅影响注册会计师所实施的实质性测试的性质、时间和范围，而且影响所发表的审计意见。（　　）

8. 扩大样本规模或选择不同的总体项目可以提高审计证据的适当性。（　　）

9. 在初步评估控制预期是有效时，必须执行控制测试。（　　）

10. 注册会计师应当为审计工作制定具体审计计划。具体审计计划比总体审计策略更加详细，其核心内容是注册会计师为获取充分、适当的审计证据以将重大错报风险降至可接受的低水平拟实施的审计程序的性质、时间和范围。（　　）

四、业务题（第1至第3题分别为8分、10分和12分，共计30分）

1. ABC会计师事务所负责审计甲公司2019年度财务报表，在审计过程中出现以下情形：

（1）A注册会计师是该审计项目组的负责人，其妻子在甲公司担任市场部调研员，但A注册会计师未予以回避。

（2）执行风险评估程序后的结果表明，甲公司存在重大错报风险，特别是控制风险极高。因此，A注册会计师认为应该在进一步审计程序中综合使用控制测试和实质性程序。

（3）为了保证对应收账款回函的客观性，A注册会计师以ABC会计师事务所的名义向甲公司的客户发函。

（4）在应收账款细节测试中，A注册会计师从账面价值为1 000万元、总体规模为400个的总体中抽取了50个样本，样本账面金额为200万元，审定金额为180万元。A注册会计师采用差额估计抽样推断的总体错报金额是160万元。

要求：逐项单独考虑上述事项（1）至（4），指出A注册会计师的观点或做法是否存在不当之处。无论是否恰当，均需说明理由。（8分）

2. 上市公司乙是ABC会计师事务所的常年审计客户，A注册会计师负责审计甲公司2019年度财务报表，在制定审计计划、实施风险评估时，A遇到以下与重要性有关的事项：

（1）考虑到乙公司处于新兴行业，目前侧重于抢占市场份额、扩大企业知名度和影响力，A注册会计师将净资产作为确定财务报表整体重要性的基准。

（2）在确定财务报表整体的重要性水平时A注册会计师特别考虑了乙公司最大股东决策需要，以确保金额在重要性水平以下的错报不影响财务报表使用者的决策。

（3）A注册会计师对计划的重要性水平作出修正，并通过修改计划实施的实质性程序的性质、时间安排和范围降低重大错报风险。

（4）在确定实际执行的重要性时，A 选取了金额超过实际执行的重要性的财务报表项目实施进一步审计程序，而对低于实际执行的重要性的财务报表项目不实施进一步审计程序。

（5）A 注册会计师运用各认定层次重要性评价了已识别错报对财务报表和审计报告中审计意见的影响。

要求：逐一考虑上述每种情况，指出 A 注册会计师的观点和做法是否恰当。若不恰当，请简明说明理由。（10 分）

3. A 注册会计师负责审计甲公司 2019 年度财务报表。A 注册会计师了解和测试了甲公司与应收账款相关的内部控制，并将控制风险评估为高水平。A 注册会计师取得甲公司 2019 年 12 月 31 日的应收账款明细表，并于 2020 年 1 月 15 日采用积极式函证方式对甲公司所有重要客户寄发了询证函。A 注册会计师将与函证结果相关的重要异常情况汇总于下表：

异常事项	函证编号	客户名称	询证金额（万元）	回函日期	回函内容
（1）	22	A	30	2020 年 1 月 22 日	购买甲公司 30 万元货物属实，但款项已于 2019 年 12 月 25 日用支票支付
（2）	56	B	50	2020 年 1 月 19 日	因产品质量不符合要求，根据购货合同，于 2019 年 12 月 28 日将货物退回甲公司
（3）	64	C	64	2020 年 1 月 19 日	2019 年 12 月 10 日收到甲公司委托本公司代销的货物 64 万元，尚未销售
（4）	134	D	60	因地址错误，被邮局退回	—

要求：针对上述各种异常情况，指出 A 注册会计师应分别实施哪些重要审计程序？（12 分）

五、综合题（共计 15 分）

甲公司主要从事小型电子消费品的生产和销售，产品销售以甲公司仓库为交货地点。甲公司日常交易采用自动化信息系统（以下简称系统）和手工控制相结合的方式。A 注册会计师负责审计甲公司 2019 年度财务报表。

资料一：A 注册会计师在审计工作底稿中记录了所了解的甲公司情况及其环境，部分内容摘录如下：

（1）2019 年年初，甲公司将房屋建筑物折旧年限由 25～35 年变更为 20～35 年，机器及其他设备折旧年限由 8～12 年变更为 8～10 年。残值率仍为 3%。

（2）甲公司于2019年7月完工投入使用的一个仓库被有关部门认定为违章建筑，被要求在2020年6月底前拆除。

资料二：A注册会计师在审计工作底稿中记录了所获取的甲公司财务数据，部分内容摘录如下（金额单位：万元）：

项目	2019年年初数	本年增加	本年减少	2019年年末数
固定资产原值				
房屋建筑物	4 461	150	0	4 611
机器及其他设备	5 589	230	177	5 642
小计	10 050	380	177	10 253
累计折旧				
房屋建筑物	2 031	140	0	2 171
机器及其他设备	3 007	516	167	3 356
小计	5 038	656	167	5 527
固定资产减值准备	0	0	0	0
固定资产账面价值	5 012	380	666	4 726

要求：针对资料一（1），（2）项，结合资料二，假定不考虑其他条件，逐项指出资料一所述事项是否可能表明存在重大错报风险。如果认为存在，简要说明理由，并分别说明该风险属于财务报表层次还是认定层次。如果认为属于认定层次，指出相关事项主要与哪些财务报表项目的哪些认定（仅限于：固定资产、存货、营业收入、营业成本、资产减值损失）相关。（15分）

参考答案

第一章

一、单项选择题

1. B	2. C	3. A	4. C	5. B
6. C	7. A	8. C	9. B	10. D

二、多项选择题

1. BCD	2. BCD	3. BC	4. ABC	5. BCD
6. ABCD	7. ABC	8. ABCD	9. AB	10. BC

三、判断题

1. ×	2. ×	3. ×	4. √	5. √
6. ×	7. √	8. √	9. ×	10. √

第二章

一、单项选择题

1. A	2. B	3. A	4. D	5. C
6. C	7. C	8. A	9. B	10. A
11. A	12. D	13. B	14. B	15. B

二、多项选择题

1. ABCD	2. ABCD	3. ABCD	4. ABCD	5. ABCD
6. ABCD	7. BCD	8. AD	9. ACD	10. AB
11. ABC	12. ABC	13. ABCD	14. ACD	15. ACD

三、判断题

1. ×	2. √	3. ×	4. √	5. ×
6. ×	7. √	8. ×	9. ×	10. √

四、业务题

1. 答：

（1）违反。银行属于公众利益实体，A注册会计师作为关键审计合伙人任职时间不得超过五年。

（2）违反。审计项目组成员的主要近亲属在审计客户中拥有控制权并且审计客户对其重要的实体中拥有经济利益，将因自身利益对独立性产生严重不利影响。

（3）违反。审计项目组前任合伙人担任审计客户的重要职位且与事务所保持重要联系，将因密切关系、自身利益或外在压力产生非常严重的不利影响。

（4）不违反。审计项目成员从银行或类似金融机构等审计客户取得贷款，或由审计客户提供贷款担保，如果按照正常的程序、条款和条件取得贷款或担保，则不会对独立性产生不利影响。

（5）违反。ABC会计师事务所的网络所负责向治理层汇报内审工作结果，承担了管理层职责，将因自我评价对独立性产生不利影响。

（6）违反。会计师事务所的网络所推广客户的产品或服务，会计师事务所不得介入此类商业关系。

2. 答：

（1）影响注册会计师的独立性。设计内部控制属于与审计业务不相容的工作，会计师事务所应该调离该注册会计师，改派其他注册会计师对其进行审计。

（2）影响会计师事务所的独立性。执行2018年度报表审计业务前，双方签署的协议表明会计师事务所将于2019年起受雇于A保险公司。这种可能的受雇关系影响审计的独立性。建议DEF会计师事务所解除与A保险公司签订的协议。

（3）存在关联关系，影响独立性。建议将李平调离审计项目组。

（4）双方之间存在共同利益，影响独立性。DEF会计师事务所不应接受W银行的审计业务。

（5）影响注册会计师的独立性。双方之间存在审计以外的其他经济纠纷。建议将王清调离审计项目组。

第三章

一、单项选择题

1. A	2. A	3. C	4. D	5. A
6. C	7. B	8. D	9. B	10. A

二、多项选择题

1. ABC　2. BC　3. ABC　4. ACD　5. BCD

三、判断题

1. ×　2. √　3. ×　4. √　5. ×

第四章

一、单项选择题

1. D　2. B　3. D　4. A　5. D
6. D　7. A　8. B　9. A　10. D
11. A　12. B　13. A　14. B　15. D
16. A　17. D　18. C　19. D　20. C
21. A　22. C　23. C　24. C　25. C

二、多项选择题

1. ABCD　2. ABCD　3. ABC　4. ABCD　5. AB
6. ABCD　7. AB　8. ABC　9. AC　10. ABD
11. ABCD　12. AD　13. BC　14. ABCD　15. AB
16. ABC　17. ABCD　18. AC　19. CD　20. ABD
21. BC　22. CD　23. ABCD　24. AD　25. BCD

三、判断题

1. √　2. √　3. √　4. √　5. ×
6. ×　7. ×　8. ×　9. √　10. ×
11. ×　12. ×　13. √　14.　15. ×
16. ×　17. ×　18. ×　19. ×　20. √

四、业务题

1. 答：

情况序号	管理当局认定	审计目标	审计证据的种类
(1)	存在	真实性	书面证据
(2)	存在 完整性	真实性 完整性	实物证据
(3)	准确性、计价与分摊	计价	书面证据
(4)	完整性	完整性	书面证据
(5)	分类 列报	分类 披露	书面证据

2. 答：

(1) 恰当。

(2) 不恰当。针对剩余期间仅实施控制测试不够，应对剩余期间的销售和收款交易实施实质性程序或将实质性程序与控制测试相结合。

(3) 不恰当。还应检查银行承兑协议。

(4) 不恰当。还应查看相关的收款单据，以证实付款方确为该客户且确与资产负债表日的应收账款相关。

(5) 恰当。

3. 答：

(1) 不恰当。应在业务中止后的60日内归档，业务中止也应归档。

(2) 恰当。

(3) 不恰当。会计师事务所应当自审计报告日起对审计工作底稿至少保存10年，在规定保存期限届满前，不应删除或废弃任何性质的审计工作底稿。

(3) 不恰当。注册会计师应当记录对已归档审计工作底稿的修改或增加，应当记录修改或增加审计工作底稿的时间和人员，应当记录复核的时间和人员。

(4) 不恰当。应当记录实施的具体程序，应当记录阅读和考虑的程序。

第五章

一、单项选择题

1. D	2. A	3. D	4. C	5. B
6. B	7. A	8. C	9. C	10. B
11. D	12. C	13. A	14. A	15. A

二、多项选择题

1. ACD	2. ABCD	3. AB	4. AB	5. BC
6. AB	7. ABCD	8. BCD	9. ABCD	10. ABC
11. CD	12. CD	13. ABD	14. ACD	15. ABCD
16. BCD	17. ACD	18. ACD	19. ABD	20. ABC

三、判断题

1. √	2. √	3. √	4. ×	5. ×
6. √	7. √	8. ×	9. √	10. ×
11. √	12. √	13. ×	14. ×	15. ×

四、业务题

1. 答：

(1) 恰当。

（2）不恰当。因为 ABC 会计师事务所首次接受委托，甲公司处于新兴行业，属于高风险行业，且面临较大的竞争压力，应考虑选择较低的百分比来确定实际执行的重要性，如 50%。

（3）恰当。

（4）不恰当。可能需要对金额低于实际执行的重要性的财务报表项目实施进一步审计程序，因为单个金额低于实际执行的重要性的财务报表项目汇总起来可能金额重大，或者识别出存在舞弊风险的财务报表项目和存在低估风险的财务报表项目不能因为其金额低于实际执行的重要性而不实施进一步审计程序。

（5）不恰当。在运用审计抽样实施细节测试时，注册会计师可以将可容忍错报的金额设定为等于或低于实际执行的重要性。

（6）恰当。

2. 答：

（1）恰当。

（2）不恰当。2018 年度有多项审计调整，甲公司在 2019 年面临较大市场压力，显示项目总体风险较高，将实际执行的重要性确定为财务报表整体重要性的 75%不恰当。

（3）恰当。

（4）不恰当。该分类错报对其所影响的账户重大/很可能影响关键财务指标（如营运资本），应作为重大错报，要求管理层调整。

（5）不恰当。该错报虽然小于财务报表整体的重要性，但会使甲公司税前利润由盈利转为亏损，属于重大错报。

第六章

一、单项选择题

1. C	2. B	3. C	4. D	5. A
6. C	7. A	8. B	9. C	10. D
11. A	12. B	13. D	14. A	15. C

二、多项选择题

1. AD	2. AC	3. BCD	4. AB	5. ABCD
6. ABD	7. BCD	8. AD	9. CD	10. ABCD

三、判断题

1. √	2. ×	3. √	4. √	5. √
6. ×	7. ×	8. ×	9. ×	10. ×
11. √	12. ×	13. √	14. √	15. √

四、业务题

1. 答：

（1）不恰当。注册会计师应当将全部的销售单定义为测试的总体，看销售单上是否有专门负责赊销审批人员的签字。

（2）不恰当。注册会计师可能将总体定义为包括整个被审计期间的交易，但在期中实施初始测试。在这种情况下，注册会计师可能估计总体中剩余期间将发生的交易的数量，并在期末审计时对所有发生在期中测试之后的被选取交易进行检查。

（3）恰当。

（4）不恰当。赊销审批应当由授权人员执行，由未经授权的人员代为审批应视为一项控制偏差。

2. 答：

（1）对于每张销售发票，都应当有相应的客户订单、销售单、出库单和装运凭证相配合，若发生下列情形之一者，即可定义为偏差：缺少这四个单据中的任何一个；虽然单据齐全但存在彼此不对应；单据中所记载的数量、金额不符。

（2）根据上述样本量表，预计误差率为1.25%，可容忍误差率是5%，应选取的样本为124个。

（3）根据上述实际误差率上限表，实际误差数为1，样本规模为124，实际误差率上限为3.8%，低于可容忍误差率5%，所以我们认为该项控制运行有效，总体可以接受。

3. 答：

（1）平均样本审定金额＝810/300＝2.7(万元)

估计的总体金额＝平均样本审定金额×总体规模

＝2.7×3 600＝9 720(万元)

推断的总体错报金额＝估计的总体金额－总体账面金额

＝9 720－10 800＝－1 080(万元)

（2）样本错报金额＝810－960＝－150(万元)

样本平均错报金额＝样本实际金额与账面金额的差额/样本规模

＝－150/300＝－0.5(万元)

推断的总体错报金额＝平均错报×总体规模

＝－0.5×3 600＝－1 800(万元)

（3）比率＝样本审定金额/账面金额＝810/960＝84.375%

估计的总体金额＝总体账面金额×比率

＝10 800×84.375%＝9 112.5(万元)

推断的总体错报金额=估计的总体金额－总体账面金额

=9 112.5－10 800=－1 687.5(万元)

第七章

一、单项选择题

1. B　2. C　3. C　4. C　5. D

6. D　7. C　8. B　9. D　10. C

二、多项选择题

1. ABCD　2. ABCD　3. AC　4. ABCD　5. ABD

6. ABCD　7. AD　8. CD　9. ABCD　10. AC

11. ABC　12. ABCD　13. BC　14. ABC　15. AC

三、判断题

1. ×　2. ×　3. √　4. ×　5. √

6. ×　7. ×　8. √　9. ×　10. √

四、业务题

1. 答：

(1) 不恰当。注册会计师不应依赖以往审计中对管理层、治理层诚信的判断。

(2) 不恰当。重大错报风险是客观存在的，不能通过修改计划实施的实质性程序的性质、时间安排和范围予以降低。

(3) 不恰当。后任注册会计师应该询问被审计单位不同意前任注册会计师作出答复的原因，然后再决定是否接受被审计单位的业务委托。

(4) 恰当。

(5) 不恰当。A注册会计师应该对所有银行存款账户实施函证，除非有充分证据表明某一银行存款对财务报表不重要且与之相关的重大错报风险很低。

2. 答：

(1) 不存在不当之处。

(2) 存在不当之处。计划审计工作并非一个孤立的阶段，而是一个持续的、不断修正的过程。

(3) 存在不当之处。注册会计师在判断某事项对财务报表是否重大时，是在考虑财务报表使用者整体共同的财务信息需求的基础上作出的，不需要考虑错报对个别报表使用者可能产生的影响。

(4) 存在不当之处。在错报性质不严重、错报金额低于重要性的情况下，注册会计师还需考虑该错报连同其他错报是否可能影响财务报表使用者依据财务报表作出的经济决策，才能确定该错报是否重要。

（5）存在不当之处。重大错报风险是独立于财务报表审计而存在于财务报表中的，不能通过修改计划实施的实质性程序的性质、时间安排和范围降低。

第八章

一、单项选择题

1. D	2. D	3. C	4. B	5. C
6. D	7. C	8. B	9. A	10. B
11. C	12. B	13. D	14. C	15. D

二、多项选择题

1. BC	2. ACD	3. ABCD	4. BCD	5. ABCD
6. ABC	7. BC	8. ABC	9. ABD	10. AC
11. AB	12. ABCD	13. ABCD	14. ABD	15. ABC
16. ABC	17. ABCD	18. ABD	19. ABCD	20. ABCD

三、判断题

1. ×	2. √	3. √	4. ×	5. √
6. √	7. √	8. ×	9. ×	10. ×

四、业务题

答：

（1）存在重大错报风险。

分析性程序：

1）2018年度已审数中A产品的毛利率＝(40 000－34 000)/40 000＝15%，2019年度未审数中A产品的毛利率＝(50 000－40 000)/50 000＝20%，但是根据资料二显示“替代产品面市使A产品的市场需求减少，市场竞争激烈，导致销售价格明显下跌”，所以很可能存在虚增收入的情况。

2）因为市场竞争激烈，A产品的市场需求减少，但是A产品2019年度收发存记录显示该产品年末余额为0，很可能该存货被低估。

3）从“与销售A产品相关的应收账款变动记录”中可以看出2019年12月9日赊销产生的应收账款在2020年1月31日都没有收回，但是“产品销售采用赊销方式，正常信用期为20天”，所以应收账款很可能存在坏账计提不足或虚构收入等重大错报风险。

4）因为汇率因素导致a原材料采购成本大幅上涨，将会导致A产品的成本上升，但是A产品2019年的入库单价却下降，很可能表明存货成本存在重大错报风险。

5）因为X公司无明显产销淡旺季，但A产品在12月份却有大量的出库，很可能表明存在虚构销售的重大错报风险。

（2）

财务报表项目	认定
存货	准确性、计价与分摊、完整性
应收账款	存在、准确性、计价与分摊
营业收入	发生、准确性
营业成本	准确性、完整性

（3）如果X公司存在财务报表层次重大错报风险，注册会计师应该实施的总体应对措施有：

1）向项目组强调在收集和评价审计证据过程中保持职业怀疑态度的必要性。

2）分派更有经验或具有特殊技能的审计人员，或利用专家的工作。

3）提供更多的督导。

4）在选择进一步审计程序时，应当注意使某些程序不被管理层预见或事先了解。

5）对拟实施审计程序的性质、时间安排和范围作出总体修改。

（4）如果评估的X公司财务报表层次重大错报风险属于高风险水平，则Y注册会计师拟实施进一步审计程序的总体方案通常更倾向于实质性方案。

（5）针对评估的财务报表层次重大错报风险，在选择进一步审计程序时，Y注册会计师可以通过下列方式提高审计程序的不可预见性：

1）对某些以前未测试的低于设定的重要性水平或风险较小的账户余额和认定实施实质性程序。

2）调整实施审计程序的时间，使其超出被审计单位的预期。

3）采取不同的审计抽样方法，使当年抽取的测试样本与以前有所不同。

4）选取不同的地点实施审计程序，或预先不告知被审计单位所选定的测试地点。

（6）如果X公司2019年度财务报表存在舞弊导致的认定层次重大错报风险，Y注册会计师应当考虑采用下列方式予以应对：

1）改变拟实施审计程序的性质，以获取更为可靠、相关的审计证据，或获取其他佐证性信息，包括更加重视实地观察或检查，在实施函证程序时改变常规函证内容，询问被审计单位的非财务人员等。

2）改变实质性程序的时间，包括在期末或接近期末时实施实质性程序，或针对本期较早时间发生的交易事项或贯穿整个本期的交易事项实施测试。

3）改变审计程序的范围，包括扩大样本规模，采用更详细的数据实施分析程序等。

第九章

一、单项选择题

1. D	2. B	3. A	4. A	5. D
6. C	7. A	8. D	9. B	10. A
11. C	12. A	13. D	14. A	15. D

二、多项选择题

1. AB	2. ABC	3. CD	4. ABCD	5. BC
6. AD	7. ABC	8. ACD	9. ABCD	10. AB
11. ABD	12. ABCD	13. ABD	14. ABD	15. ABD

三、判断题

1. √	2. √	3. √	4. √	5. √
6. ×	7. √	8. ×	9. ×	10. ×

第十章

一、单项选择题

1. C	2. A	3. B	4. B	5. B
6. D	7. C	8. B	9. A	10. C
11. D	12. C	13. B	14. C	15. A
16. C	17. D	18. C	19. D	20. C
21. D	22. D	23. A	24. D	25. A
26. C	27. D	28. B	29. B	30. C
31. A	32. A	33. C	34. C	35. B

二、多项选择题

1. ABCD	2. AD	3. ACD	4. ABC	5. BCD
6. ABCD	7. AB	8. ABCD	9. BCD	10. ABCD
11. BC	12. AD	13. ABCD	14. ABCD	15. ABD
16. ABC	17. ABCD	18. ABCD	19. ABC	20. CD
21. ABCD	22. ABD	23. BCD	24. ABC	25. ABD
26. CD	27. BC	28. AD	29. ABCD	30. BCD
31. ABCD	32. BCD	33. ABD	34. ABCD	35. AB
36. ABCD	37. ABD	38. ABCD	39. ABCD	40. ABCD

三、判断题

1. ×	2. √	3. ×	4. ×	5. ×
6. √	7. √	8. ×	9. √	10. √

11. ×	12. √	13. ×	14. ×	15. √
16. √	17. ×	18. ×	19. ×	20. √
21. √	22. √	23. ×	24. ×	25. √
26. √	27. √	28. √	29. ×	30. √
31. √	32. ×	33. ×	34. ×	35. √
36. ×	37. ×	38. ×	39. √	40. √

四、业务题

1. 答：

第（1）项没有缺陷。

第（2）项有缺陷：由采购部的职员 E 进行询价并确定供应商。

理由：询价与确定供应商是不相容的岗位。

建议：询价与确定供应商应该由不同岗位的人员来实施。

第（3）项没有缺陷。

第（4）项有缺陷：会计部门根据只附供应商发票的付款凭单进行账务处理。

理由：如果会计部门仅根据付款凭单和供应商发票记录存货和应付账款，而不需同时核对验收单和订购单，会计部门将无法核查材料采购的真实性。从而可能记录错误的存货数量和金额。

建议：应付凭单部门应将经批准的付款凭单连同验收单、订购单和供应商发票送会计部门，会计部门应在核对收到的付款结算单以及后附的验收单、订购单和供应商发票后记录存货和应付账款。

第（5）项有缺陷：出纳人员 J 登记现金和银行日记账，并在每月月末编制银行存款余额调节表。

理由：记录现金收支与调节银行账户是不相容的岗位。

建议：记录现金收支与调节银行账户应该由不同岗位的人员来实施。

第（6）项没有缺陷。

第（7）项没有缺陷。

第（8）项有缺陷。

理由：对于赊销的则应当由信用审批部门根据管理当局的赊销政策进行确定，并对每个客户已经授权的信用额度进行调查。

建议：被审计单位对于赊销的销售由信用审批部门进行审批。

第（9）项没有缺陷。

第（10）项有缺陷：为了便于及时更正录入的基础数据可能存在的差错，信息部门拥有修改基础数据的权限。

理由：如果信息部门可以更正使用部门送交的数据资料，将增加相关数据资料在使用部门不知道的情况下被人为修改的风险，降低相关数据分析结果的可靠性。

建议：信息部门不应具有更正使用部门送交的数据资料的权限，所有使用部门送交的数据资料的更正只能由拥有权限的使用部门人员实施。

第（11）项没有缺陷。

第（12）项有缺陷：内部审计部门直接向专职负责纪检、监察的副总经理报告。

理由：内部审计部门直接向专职负责纪检、监察的副总经理报告，而不直接向董事会或者审计委员会报告，使得内部审计部门难以独立于被审计部门，将损害内部审计的独立性。

建议：内部审计人员必须独立于被审计部门，并且必须直接向董事会或审计委员会报告。

2. 答：

（1）XYZ公司销售与收款循环的内部控制存在以下缺陷：第一，没有根据批准的订单编制销售通知单；第二，销售单不应由仓库部门编制，也不能代替装运凭证；第三，货物的发货与装运的职责不应由同一部门承担；第四，会计部门开具销售发票时没有核对装运凭证、销售单和商品价目表；第五，销售账和收款业务两项不相容职务不应由一人办理；第六，没有对销售与收款循环进行独立稽核。

（2）针对上述存在的问题应提出的改善措施如下：第一，销售部门必须根据批准的订单编制一式多联连续编号的销售通知单，分别用于批准赊销、审核发货与装运货物、记录发货数量及向客户开具账单；第二，运输部门必须根据已批准的销售单编制一式多联、连续编号的提货单，装运货物；第三，仓库部门校对经批准的销售单与提货单后发货；第四，会计部门必须在核对装运凭证（提货单）、销售单和商品价目表无误的情况下，才能开具销售发票；第五，将收款业务和负责销售账的业务分开；第六，设置独立稽核人员专门审核销售发票的单价、加总、入账日期等。

3. 答：

（1）

1）在实施分析性复核程序后，应将以下财务报表项目作为重点审计领域：

主营业务收入。主营业务收入在2017年度的基础上增长了77.8%（或是发生了较大变化），而2018年度经营形势与2017年度相比并未发生重大变化。

主营业务成本。主营业务成本在2017年度的基础上增长了71.35%（或是发生了较大变化，或是毛利率有较大幅度的提高），而2018年度经营形势与2017年度相比并未发生重大变化。

管理费用。在机构、人员亦未发生重大变化，且在销售收入大幅增长的情况下，管理费用由 3 260 万元下降到 2 380 万元，下降了 26.99%（或是大幅下降）。

补贴收入。2017 年度公司并未取得补贴收入，2018 年度取得大额补贴收入。

所得税。所得税占利润总额比例为 10.82%，与 33%的所得税税率存在较大差异。

2）在实施分析性复核程序后，应将以下月份主营业务收入和主营业务成本作为重点审计领域：

1 月份。该月份毛利率为 3%，远远低于全年平均毛利率和其他各月毛利率。

12 月份。该月份主营业务收入占全年主营业务收入比例较高（达 18.12%）；毛利率相对较高（达 19.90%）。

（2）

1）检查销售发票是否有与之相对应的发运凭证及安装验收报告；

2）核对销售发票、销售合同、货运单、安装验收报告等所载明的品名、规格、数量、价格是否一致；

3）检查销售合同中有无影响根据安装验收报告确认收入的限制性条款；

4）观察是否寄发对账单，并检查客户回函档案。

（3）

1）对于每张发票及有关安装验收报告，若发现下列情形之一者，即可定义为误差：没有安装验收报告的任何发票；发票虽有安装验收报告，但该单据属于其他发票；发票与安装验收报告所记载的数量不符。

2）根据上述样本量表，预计误差率为 1%，可容忍误差率为 4%时，应选取的样本量为 156 项。

3）抽样查出的误差数为 1，且没有发现舞弊或逃避内部控制的情况时，注册会计师可以得出结论：总体误差率不超过 4%的可信赖程度为 95%（或总体误差率超过 4%的信赖过度风险为 5%）。

4）抽样查出的误差数为 3，且没有发现舞弊或逃避内部控制的情况时，注册会计师不能以 95%的可信赖程度保证总体误差率不超过 4%。此时，注册会计师应减少对这一内部控制的可信赖程度，考虑增加样本量或修改实质性程序。

（4）

1）不能确认。根据合同条款，该项交易销售实现的时机应为终验合格，即终验合格为风险和报酬转移的标志。

2）尚无法形成审计结论。注册会计师应向被审计单位索取要求供货单位直接将货物发运至 B 公司的书面指令及其他相关文件；结合采购与付款循环的审计，以确定公司确已从供货单位采购该批货物；向 B 公司发函，询证 B 公司确于2018年12月31日前收到该批货物；检查安装过程中所形成的相关记录及所发生费用的相关凭证，以确定安装验收报告的真实性。

3）尚无法形成审计结论。由于被审计单位收入的确认取决于C公司的收入确认，即被审计单位收入的确认时机与C公司收入的确认时机相同。注册会计师应要求被审计单位提供经D公司认可的C公司收入确认时机的书面资料，及C公司收入确认的直接依据；向C公司函证截至2018年12月31日应收账款余额，以证实应收账款的真实性。

4）尚无法形成审计结论。注册会计师应实施以下审计程序：向F公司函证截至2018年12月31日应收账款余额，以证实应收账款的真实性；向F公司函证2018年11月28日传真的真实性；检查期后发货记录及期后账簿记录，以取得期后发货、收款或是作销售冲回的证据。

5）不能全部确认。根据《关联方之间出售资产等有关会计处理问题暂行规定》，在主要销售给非关联方的情况下，应按对非关联方销售的加权平均价格作为对关联方之间同类交易的计量基础，并据以确认收入；实际交易价格超过确认为收入的部分，计入资本公积。在该项销售中，若按非关联方销售应确认的销售收入为2 000万元（1 800÷(1－10%)），因此该公司此笔销售所确认的收入中，1 000万元（3 000－2 000）应转入资本公积。

6）不能确认。根据资产负债表日后事项会计准则，资产负债表日以前已确认收入的销售，在资产负债表日后至财务会计报告批准报出日已经退回的，应作为调整事项，进行相关的账务处理。因此，对该项销售退回，应冲减2018年度的销售收入和相关销售成本。

（5）注册会计师应进一步实施审计程序以证实该项销售的真实性，如结合采购与付款循环的审计进一步收集审计证据。若证实该项销售业务虚假，注册会计师应当修改或追加相关实质性程序，并以适当方式告知被审计单位管理当局。必要时，应当征求律师意见或解除业务约定。

4. 答：

（1）在盘点前和盘点过程中均应检验磅秤的精准度，并留意磅秤的位置移动与重新调校程序；将检查和重新称量程序相结合；检查重量单位（吨、千克、磅等）的换算问题。

（2）不能同意。存货监盘是一项核心程序，且不存在满意的替代程序来计量期末存货。针对T公司在资产负债表日有重大比重的在途存货无法监盘，A注册会计师难以对存货的存在等相关审计目标获取充分、适当的审计证据。

（3）注册会计师应当评估存货内部控制的有效性；对存货进行适当抽盘或提请被审计单位另择日期重新盘点；测试抽盘日或重新盘点日与资产负债表日之间发生的存货交易。

5. 答：

(1) 恰当。

(2) 不恰当。还应当检查资产负债表日后货币资金的付款项目/获取甲公司与供应商之间的对账单并与财务记录进行核对调节/检查采购业务形成的相关原始凭证。

(3) 不恰当。资产负债表日后价格的变化并不表明前期会计估计存在差错。

(4) 不恰当。注册会计师应当对重大账户余额实施实质性程序。

(5) 恰当。

6. 答：

(1) 不恰当。制造业的成本核算涉及重大类别交易或账户余额，应当实施实质性程序。

(2) 不恰当。以前年度与存货相关的控制运行有效不构成减少本年度细节测试样本规模的充分理由。

(3) 不恰当。A 注册会计师应当对盘点结果汇总表进行复核。

(4) 不恰当。存货对财务报表是重要的，注册会计师应当实施监盘。

(5) 恰当。

(6) 不恰当。注册会计师应当观察已公司管理层指定的盘点程序的执行情况。

7. 答：

(1) 恰当。

(2) 不恰当。还应检查调节事项、关注长期未达账项，查看是否存在挪用资金等事项，关注未达账中异常的支付款项。

(3) 不恰当。当 A 注册会计师亲自到银行获取银行对账单时，要对获取全过程保持控制。

(4) 不恰当。应对重大账户余额实施实质性程序。即使甲公司该笔大额定期存款未发生变化，A 注册会计师拟利用以前审计获取的审计证据时，也应当在本期实施审计程序，以确定这些审计证据是否具有持续相关性。

(5) 恰当。

(6) 不恰当。询证函中的条款属于对回函可靠性产生影响的限制性条款，可能需要执行额外的或替代审计程序。

第十一章

一、单项选择题

1. B	2. A	3. A	4. B	5. B
6. B	7. D	8. B	9. A	10. A

11. B	12. A	13. C	14. B	15. D

二、多项选择题

1. ABC	2. ABD	3. BC	4. ABCD	5. CD
6. BCD	7. ABC	8. ABD	9. ABC	10. BD
11. ABC	12. ABCD	13. BCD	14. ABCD	15. ABCD

三、判断题

1. ×	2. √	3. √	4. ×	5. ×
6. ×	7. ×	8. ×	9. √	10. √
11. √	12. ×	13. ×	14. √	15. ×

四、业务题

答：当识别出可能导致对持续经营能力产生重大疑虑的事项或情况时，注册会计师应当实施下列进一步审计程序：

（1）复核管理层依据持续经营能力评估结果提出的应对计划。

（2）通过实施必要的审计程序，包括考虑管理层提出的应对计划和其他缓解措施的效果，获取充分、适当的审计证据，以确认是否存在与此类事项或情况相关的重大不确定性。

（3）向管理层获取有关应对计划的书面声明。

第十二章

一、单项选择题

1. D	2. C	3. D	4. D	5. C
6. B	7. C	8. C	9. A	10. B
11. C	12. D	13. C	14. C	15. C

二、多项选择题

1. BD	2. ABCD	3. ABC	4. ABC	5. AB
6. BC	7. ACD	8. BCD	9. ABCD	10. BC
11. BC	12. ABCD	13. ABCD	14. ABD	15. ABD

三、判断题

1. ×	2. √	3. ×	4. √	5. ×
6. ×	7. √	8. ×	9. ×	10. ×
11. ×	12. √	13. ×	14. ×	15. √

四、业务题

1. 答：

（1）不恰当。关键审计事项必须是已经得到满意解决的事项，关键审计事项不能替代非无保留意见，应当发表非无保留意见。

（2）恰当。

（3）不恰当。应当说明前任注册会计师发表的审计意见类型。

（4）恰当。

（5）不恰当。应当增加强调事项段或其他事项段用于提及未在财务报表附注中列报或披露的事项。其他事项段与财务报表使用者理解审计工作、注册会计师的责任或审计报告相关。

（6）不恰当。应当在形成无法表示意见的基础部分说明存在的披露错报。

2. 答：

（1）抽样间隔＝总体容量÷样本规模＝72÷6＝12，选取的 6 笔应付票据业务分别为第 7，19，31，43，55，67 笔业务。

实际价值与账面价值的比率＝1 680 000÷1 400 000＝1.2，Y 公司 2018 年 12 月 31 日应付票据的总体实际价值应推断为 15 000 000×1.2＝18 000 000 元。

（2）针对资料三中的事项（1）至（5），注册会计师 A 和 B 分别需要提出如下审计处理建议：

1）对事项（1），注册会计师 A 和 B 应提请 Y 公司作重分类调整：

借：应收账款——b 公司　　2 000 000

　贷：预收款项——b 公司　　2 000 000

借：其他应收款——i 公司　　1 500 000

　贷：其他应付款——i 公司　　1 500 000

Y 公司应按账龄分析法补提应收账款坏账准备（28 750 000＋2 000 000）×6%＋2 214 240×30%＋957 760×50%＋78 000.00×80%－1 600 000＝1 450 552 元。

注册会计师应提请 Y 公司调整：

借：管理费用——计提的坏账准备　　1 450 552

　贷：应收账款——坏账准备　　1 450 552

Y 公司应按账龄分析法补提其他应收款坏账准备（9 782 000＋1 500 000）×6%＋245 800×30%＋324 200×50%＋48 000×80%－520 000＝431 160 元。

注册会计师应提请 Y 公司调整：

借：管理费用——计提的坏账准备　　431 160

　贷：其他应收款——坏账准备　　431 160

2）对事项（2），Y 公司 2018 年度对办公楼计提的折旧额＝15 000 000×90%÷20＋5 000 000×90%÷（3＋11×12）×3＝775 000 元，应计提的折旧额＝（15 000 000－5 400 000－1 500 000－15 000 000×10%）÷12＋5 000 000×90%÷（3＋11×12）×3＝650 000 元，Y 公司多计提折旧＝775 000－650 000＝125 000元。

注册会计师应提请Y公司调整：

借：累计折旧　　125 000

　贷：管理费用——折旧费　　125 000

3）事项（3），属资产负债表日后重大非调整事项，注册会计师应提请Y公司在报表附注中披露。

4）对事项（4），注册会计师应提请Y公司调整：

借：主营业务收入　　5 000 000

　贷：资本公积——关联方交易差价　　5 000 000

5）对事项（5），经上述审计调整后，对Y公司2018年度所得税的影响数为（1 450 552＋431 160－125 000）×33％＝579 714.96元。注册会计师应提请Y公司调整：

借：应交税费——应交所得税　　579 714.96

　贷：所得税费用——企业所得税　　579 714.96

Y公司2018年度审计后实现的净利润＝8 000 000－1 450 552－431 160＋125 000－5 000 000＋579 714.96＝1 823 002.96元，故应提取法定盈余公积＝1 823 002.96×10％＝182 300.30元，应提取法定公益金＝1 823 002.96×5％＝91 150.15元。建议调整分录：

借：利润分配——提取法定盈余公积　　182 300.30

　　　　　　——提取法定公益金　　91 150.15

　贷：盈余公积——法定盈余公积　　182 300.30

　　　　　　　——法定公益金　　91 150.15

以2018年12月31日总股本为基数，每20股送1股，派现金1.25元。对于“每20股送1股”，应视为重大非调整事项，建议在2018年报表中予以充分披露；对于“派现金1.25元”，共派发现金股利＝50 000 000×1.25÷20＝3 125 000元，建议作以下调整：

借：利润分配——应付普通股股利　　3 125 000

　贷：利润分配——拟分配现金股利　　3 125 000

或：建议在2018年12月31日资产负债表的“其中：拟分配现金股利”项目内填列3 125 000。

资本公积每10股转1股，则共转股本5 000 000元（50 000 000×1÷10），应视为重大非调整事项，建议在2018年度财务报表中予以充分披露。

3. 答：

（1）对于事项（1），注册会计师甲和乙应提请WK公司作以下调整分录：

借：长期股权投资——D公司　　4 000 000

　贷：营业外支出——债务重组损失　　4 000 000

对于事项（3），注册会计师甲和乙应提请 WK 公司在 2018 年度报表附注中予以充分披露。

对于事项（4），注册会计师甲和乙应提请 WK 公司作以下调整分录：

借：主营业务收入	10 000 000	
贷：主营业务成本		9 000 000
未分配利润		1 000 000
借：未分配利润	1 170 000	
管理费用——计提的坏账准备	1 170 000	
贷：坏账准备		2 340 000

对于事项（5），注册会计师甲和乙应提请 WK 公司作以下调整分录：

借：营业外支出	32 000 000	
贷：其他应付款		32 000 000

对于事项（6），注册会计师甲和乙应提请 WK 公司作以下调整分录：

借：销售费用——广告费	3 300 000	
贷：长期待摊费用		3 300 000

（2）对于事项（1），注册会计师甲和乙应出具保留意见的审计报告。该事项影响利润总额 400 万元，大于财务报表层次的重要性水平，也大大超过长期股权投资项目的重要性水平，如果不予以调整，WK 公司财务报表的披露将不符合企业会计准则和相关会计制度的规定，影响重大，但不至于出具否定意见的审计报告，因此，应出具保留意见的审计报告。

对于事项（2），注册会计师甲和乙应出具无法表示意见的审计报告。因为 WK 公司采用权益法确认该笔投资的投资收益 1 620 万元占 WK 公司利润总额的 54%。占 WK 公司 54%的利润无法通过审计予以确认，说明审计范围受到限制可能产生的影响非常重大和广泛，注册会计师不能获取充分、适当的审计证据，以至无法对财务报表发表意见。

对于事项（3），注册会计师甲和乙应出具带强调事项段的无保留意见审计报告。WK 公司 2018 年度审计后的净利润为－1 000 万元，2018 年 12 月 31 日流动负债余额大于资产总额，说明 WK 公司已经资不抵债，在财务方面存在可能导致对其持续经营能力产生重大疑虑的事项或情况。但注册会计师甲和乙经实施必要审计程序后认为 WK 公司编制 2018 年度财务报表所依据的持续经营假设是合理的，并且 WK 公司已经接受注册会计师的审计处理建议，在 2018 年度报表附注中对该事项或情况予以披露。按照持续经营审计准则的规定，注册会计师应当对这一事项或情况在审计报告中增加强调事项段予以揭示，因此，应当出具带强调事项段的无保留意见审计报告。

对于事项（4），注册会计师甲和乙应出具保留意见的审计报告。该事项影响利润总额334万元，大于财务报表层次的重要性水平，如果不予以调整，WK公司财务报表的披露将不符合企业会计准则和相关会计制度的规定，影响重大，但又不至于出具否定意见的审计报告，因此，应出具保留意见的审计报告。

对于事项（5），注册会计师甲和乙应出具否定意见的审计报告。该事项影响利润总额3 200万元，超过WK公司的利润总额，大大高于财务报表层次的重要性水平，如果不予以调整，WK公司的利润表将“扭亏为盈”。WK公司财务报表的披露将不符合企业会计准则和相关会计制度的规定，未能从整体上公允反映WK公司的财务状况和经营成果，因此，应当出具否定意见的审计报告。

对于事项（6），注册会计师甲和乙应出具保留意见的审计报告。该事项影响利润总额330万元，大于财务报表层次的重要性水平，也大大超过长期待摊费用项目的重要性水平，如果不予以调整，WK公司财务报表的披露将不符合企业会计准则和相关会计制度的规定，影响重大，但又不至于出具否定意见的审计报告，因此，应出具保留意见的审计报告。

4. 答：

（1）不恰当。管理层未披露持续经营能力存在重大不确定性，应当发表非无保留意见保留意见或否定意见。

（2）不恰当。不应在审计报告中提及组成部分注册会计师（如果提及组成部分注册会计师，应指明这种提及并不减轻ABC会计师事务所以及A注册会计师对乙公司审计意见承担的责任）。

（3）不恰当。审计范围受到限制，应当发表保留意见无法表示意见。

（4）不恰当。该事项与财务报表使用者理解审计工作、注册会计师的责任或审计报告无关，不应在审计报告中增加其他事项段。不应在审计报告中增加其他事项段，应告知治理层，并采取适当的进一步措施。

（5）不恰当。审计范围受到限制，应当发表保留意见或无法表示意见。

（6）不恰当。披露不充分属于错报，应当发表保留意见。

第十三章

一、单项选择题

1. C	2. A	3. B	4. B	5. D
6. C	7. C	8. D	9. D	10. C

二、多项选择题

1. AC	2. ABCD	3. BCD	4. ABC	5. AC
6. BC	7. ABCD	8. BCD	9. CD	10. BCD
11. ABD	12. ACD	13. ACD	14. ABCD	15. ABD

三、判断题

1. ×	2. ×	3. √	4. ×	5. ×
6. ×	7. ×	8. √	9. √	10. √

四、业务题

1. 答：

（1）不恰当。注册会计师应当先对企业内部控制自我评价工作进行评估，然后才能决定是否利用企业内部审计人员、内部控制评价人员和其他相关人员的工作以及可利用的程度，此外还要考虑内部审计人员、内部控制评价人员和其他相关人员的专业胜任能力和客观性。

（2）恰当。

（3）不恰当。对于发现的重大缺陷和重要缺陷，注册会计师都要以书面的形式与董事会和经理层沟通。

（4）不恰当。企业如果拒绝提供或以其他不当理由回避书面声明，注册会计师应当将其视为审计范围受到限制，解除业务约定或出具无法表示意见的内部控制审计报告。

2. 答：

（1）发表带强调事项段的无保留意见内部控制审计报告。

（2）发表否定意见的内部控制审计报告。

（3）发表无法表示意见的内部控制审计报告。

（4）发表无保留意见的内部控制审计报告。

3. 答：

（1）不恰当。应当增加“非财务报告内部控制重大缺陷描述段”予以披露。

（2）不恰当。应当增加强调事项段予以说明。

（3）不恰当。应当以书面形式与丙公司董事会和经理层沟通，提醒丙公司加以改进。

（4）不恰当。需要解除业务约定或出具无法表示意见的内部控制审计报告。

（5）恰当。

（6）不恰当。应当在内部控制审计报告中增加强调事项段，说明这一情况并解释得出该结论的理由。

综合模拟试题

一、单项选择题

1. A	2. C	3. B	4. B	5. D
6. A	7. B	8. D	9. A	10. B
11. B	12. B	13. D	14. A	15. B

二、多项选择题

1. ABC	2. ABD	3. ABD	4. AC	5. ABD
6. ACD	7. ABC	8. CD	9. AD	10. ABC
11. BCD	12. ACD	13. BCD	14. ABCD	15. ABD

三、判断题

1. ×	2. √	3. ×	4. ×	5. ×
6. ×	7. √	8. ×	9. √	10. ×

四、业务题

1. 答：

（1）恰当。A注册会计师的妻子既不是甲公司的董事、监事、高级管理人员等特定人员，其所在岗位和所任职务也不足以对甲公司财务报表的编制施加重大影响，因此A注册会计师可以不予以回避。

（2）不恰当。当控制风险非常大，即内部控制有效运行的可信赖程度较低时，应该直接执行实质性程序，不需进行控制测试。

（3）不恰当。函证应该以甲公司的名义发出。

（4）恰当。样本的平均错报为：(200－180)/50＝0.4万元。推断的总体错报为：0.4×400＝160万元。

2. 答：

（1）不恰当。对于侧重抢占市场份额、扩大企业知名度和影响力的企业，应将营业收入作为确定财务报表整体重要性的基准。

（2）不恰当。由于不同财务报表使用者对财务信息的需求可能存在很大差异，在确定重要性水平时，不应该考虑错报对个别财务报表使用者可能产生的影响。

（3）不恰当。重大错报风险是被审计单位财务报表中客观存在的，注册会计师不能通过修改实质性程序予以降低，注册会计师通过实施实质性程序能够降低的是检查风险而非重大错报风险。

（4）不恰当。单个金额低于实际执行的重要性的财务报表汇总起来可能金额重大，可能会远远超过财务报表整体的重要性，注册会计师需要考虑汇总后的错报风险，应对这类项目进行抽样审计。

（5）不恰当。应运用财务报表整体重要性评价已识别错报对财务报表和审计报告中审计意见的影响。

3. 答：

（1）检查银行存款日记账、收款凭证以及银行对账单，查明是否收到该笔金额，以及如何进行会计处理。

（2）检查销售合同及与销售退回相关的增值税发票、入库单，查明退回货物是否已验收入库。

（3）检查代销合同和代销清单，查明是否存在编制虚假代销清单、虚增本期收入和应收账款的情况等。

（4）确认债务人的地址，并再次寄发应收账款询证函。

五、综合题

1. 答：

针对事项 1：存在重大错报风险，机器及其设备的折旧年限为 8～10 年，但其年折旧率只有 9.2%，可能存在少提折旧的风险，属于认定层次的重大错报风险，认定项目：固定资产的准确性、计价与分摊，营业成本的完整性和准确性。

针对事项 2：存在重大错报风险，使用不久的仓库将被拆除，但没有计提固定资产减值准备，可能存在高估固定资产和低估资产减值损失的风险，属于认定层次的重大错报风险，认定项目：固定资产的准确性、计价与分摊，资产减值损失的完整性。

图书在版编目（CIP）数据

《审计（第4版·立体化数字教材版）》学习指导书/陈汉文主编. --北京：中国人民大学出版社，2020.6

教育部经济管理类主干课程教材. 审计系列

ISBN 978-7-300-28137-7

Ⅰ.①审… Ⅱ.①陈… Ⅲ.①审计学-高等学校-教材-教学参考资料 Ⅳ.①F239.0

中国版本图书馆CIP数据核字（2020）第087121号

教育部经济管理类主干课程教材·审计系列

《审计（第4版·立体化数字教材版）》学习指导书

主　编　陈汉文

副主编　董　望　杨道广　刘思义

《Shenji（Di 4 Ban·Litihua Shuzi Jiaocai Ban）》Xuexi Zhidaoshu

出版发行	中国人民大学出版社		
社　　址	北京中关村大街31号	**邮政编码**	100080
电　　话	010－62511242（总编室）		010－62511770（质管部）
	010－82501766（邮购部）		010－62514148（门市部）
	010－62515195（发行公司）		010－62515275（盗版举报）
网　　址	http://www.crup.com.cn		
经　　销	新华书店		
印　　刷	北京溢漾印刷有限公司		
规　　格	185 mm×260 mm　16开本	**版　　次**	2020年6月第1版
印　　张	11.5 插页1	**印　　次**	2022年1月第5次印刷
字　　数	211 000	**定　　价**	30.00元

教师教学服务说明

中国人民大学出版社财会出版分社以出版经典、高品质的会计、财务管理、审计等领域各层次教材为宗旨。

为了更好地为一线教师服务，近年来财会出版分社着力建设了一批数字化、立体化的网络教学资源。教师可以通过以下方式获得免费下载教学资源的权限：

在中国人民大学出版社网站 www.crup.com.cn 进行注册，注册后进入“会员中心”，在左侧点击“我的教师认证”，填写相关信息，提交后等待审核。我们将在一个工作日内为您开通相关资源的下载权限。

如您急需教学资源或需要其他帮助，请在工作时间与我们联络：

中国人民大学出版社　财会出版分社

联系电话：010-62515987，62511076

电子邮箱：ckcbfs@crup.com.cn

通讯地址：北京市海淀区中关村大街甲 59 号文化大厦 1501 室（100872）